Vera Balser-Eberle

Sprechtechnisches Übungsbuch

28. Auflage

öbv&hpt

Zu der vorliegenden Auflage des „Sprechtechnischen Übungsbuches" ist eine CD (ISBN 3-215-**12794**-6) erschienen, die – von Ingrid Amon gesprochen und neu ausgewählt – einzelne Beispiele in richtiger Aussprache und Betonung vermittelt. Im Text ist durch die farbliche Unterlegung auf die auf der CD befindlichen Übungen hingewiesen. Zu beziehen über den Buchhandel oder bei ÖSZ Buchauslieferungsgesellschaft, Postfach 133, 2355 Wr. Neudorf, Tel.: 02236/635 35/244-247.

Alle Anregungen und Vorschläge, die das vorliegende Buch betreffen, richten Sie bitte an eine der folgenden Adressen:
öbv&hpt. Lektorat Fachbuch, Frankgasse 4, A-1090 Wien
E-Mail: ingrid.bernscher@oebvhpt.at
E-Mail: regina.zwerger@oebvhpt.at

Lektorat: Dr. Ingrid Bernscher
Umschlag: Peter Egelseer, Wien/Foto: Stefan Schwarz

28. Auflage, Nachdruck 2004 (28,02)

Druck und Bindung: Brüder Glöckler OHG, Wöllersdorf
ISBN 3-215-**01334**-7

Inhaltsverzeichnis

Vorwort zur 26. Auflage

Man darf ruhig hören, woher Sie kommen, man darf aber auch hören, dass Sie dort nicht stehen geblieben sind.

Durch diese Erkenntnis motiviert, begeben sich immer mehr Menschen in den unterschiedlichsten beruflichen und privaten Umfeldern auf den sprechtechnischen Übungsparcours. Ihr Ziel ist ein gepflegtes, präzises, gut klingendes, möglichst dialektungebundenes Hochdeutsch. Sie haben verstanden, dass die Fähigkeit zu sprechen die Kommunikationsmöglichkeiten und die berufliche Laufbahn eines Menschen heutzutage ganz entscheidend beeinflusst.

Die zu diesem Buch vorliegende CD kann Sie effizient beim Erreichen Ihres ganz persönlichen sprechtechnischen Zieles unterstützen. Die Zusammenstellung der Übungen wurde von Ingrid Amon, einer erfahrenen Trainerin für Sprechtechnik und Rhetorik, aktualisiert und erweitert und trägt somit einer Aussprache Rechnung, die in ihrer Grundlage unverändert bleibt. Sprachmelodie und Sprachfluss haben sich innerhalb eines halben Jahrhunderts jedoch auch der Zeit angepasst. Hochdeutsch hat heute eine dynamische, lebendige und abwechslungsreiche Sprechmelodie. Die Anwendung dieser Übungen führt zur Erarbeitung einer möglichst dialektfreien deutschen Hochlautung.

Viel Erfolg und viel Spaß beim „Erlernen" der deutschen Sprache.

Ingrid Amon

Wien, im Juni 1998

Zur Einführung

Allem zuvor: Dieses Büchlein ist ein Übungsbuch und kein Lehrbuch. Es will sowohl den Lehrer* als auch den Lernenden in seinen Bemühungen um ein richtig gesprochenes Deutsch und um die Kräftigung der Stimme unterstützen. Die Übungen setzen sich zusammen aus Gegenüberstellungen ähnlich klingender Wörter, aus einfachen Sätzen, in denen die z.T. vorher einzeln geübten Wörter im Zusammenhang erscheinen, aus Stücken in gehobener und gebundener Sprache, aus Rufübungen und endlich aus kleinen Gedichten beziehungsweise aus Teilen von Dichtungen. In jeder Gruppe von Übungen kommen jeweils bestimmte Laute gehäuft vor. Nur dadurch werden diese Übungen zu einer brauchbaren Grundlage für die Verbesserung von Aussprachefehlern. In der Hauptsache dienen sie eben der „Kalligraphie der Sprache“ (diesen Ausdruck hat der ehemalige Burgtheaterdirektor Alfred von Berger in seiner „Hamburgischen Dramaturgie“ geprägt). Gewiss wurde daneben auch nach Möglichkeit auf eine sinnvolle Gestaltung der Texte Wert gelegt. Keineswegs bedeutet ja das Streben nach jener „Kalligraphie“ ein Bekenntnis zu einer seelenlos-mechanischen Sprechtechnik.
Nun können freilich das Vorbild und das kritische Ohr des Sprecherziehers durch kein Lehrbuch ersetzt werden. Der Schüler kann welches Lehrbuch immer in die Hand nehmen, wenn er nicht das Glück hat, einen guten Lehrer zu haben, wird er nie das Ziel erreichen, dem er zustrebt: nämlich seine Muttersprache mühelos, ausdauernd und dialektfrei sprechen zu können. „Schön“ wage ich kaum dazuzuschreiben. Denn das Wort „Schönsprechen“ ist arg in Misskredit gebracht von solchen Sprechern, die überdeutliches, unnatürliches, affektiertes Sprechen im Rundfunk, auf der Bühne, auf der Rednertribüne, auf der Kanzel usw. für richtig und damit für „Schönsprechen“ ausgeben. Diese Sprecher sind auf halbem Weg stehen geblieben. Sie sind eben über jene Kalligraphie der Sprache, die am Beginn unserer Arbeit steht, nicht hinausgekommen. Doch wäre es falsch, deshalb diese

* Aus Gründen der besseren Lesbarkeit wurde in diesem Buch auf die Unterscheidung LehrerIn etc. verzichtet.

sprechtechnische Vorschulung überhaupt abzulehnen, um die – wenn man von seltenen Naturtalenten absieht – niemand herumkommt. Sie bildet die Voraussetzung für jene höhere Gestaltung im Dienste des persönlichen und künstlerischen Ausdruckes, die das eigentliche Ziel jeder Sprecherziehung ist. Hier wollen wir aber vorerst das Nahziel ins Auge fassen: die Erhebung über die alltägliche Umgangssprache, Loslösung von der Dialektgebundenheit, Gewinnung einer reinen deutschen Aussprache.

Für wen ist die Erreichung dieses Zieles notwendig? Für jeden geistigen Arbeiter, der gezwungen ist, in der Öffentlichkeit zu reden, für jeden, der vor einem Forum zu sprechen hat, der gehört und verstanden werden will und muss und natürlich für den Schauspieler.

Der geistige Reichtum eines Wissenschafters, die politische Überzeugungskraft eines Staatsmannes, die religiöse Inbrunst eines Predigers, die Kraft zur Fesselung des Interesses einer schwer zu bändigenden jungen Zuhörerschaft eines Lehrers, die Stoßkraft des Plädoyers eines Rechtsanwaltes, die Begabung eines Schauspielers – wie könnte das alles zur Entfaltung kommen, wenn das Handwerk nicht beherrscht wird? Wenn die Stimme heiser, leicht ermüdend, glanzlos ist? Wenn der Dialekt die Verständlichkeit erschwert? Wenn die Diktion monoton und einschläfernd ist? Wenn der Mut zur Pause fehlt?

Ausreichendes Talent und geistiges Format zusammen mit einer gut geschulten Stimme und einer gepflegten Aussprache ergeben erst die Voraussetzungen für einen guten Schauspieler, Redner, Prediger, Verteidiger und nicht zuletzt – für den Lehrer!

Es sei mir noch gestattet, darauf hinzuweisen, dass in diesem aus der Praxis für die Praxis geschaffenen Lehr- und Lernbehelf alle Anweisungen möglichst einfach, aber dabei möglichst bildhaft und anschaulich formuliert wurden; eine wissenschaftlich exakte Darstellung wäre vielfach nur dem Fachmann verständlich und würde für einen weiteren Leserkreis weitläufige Erklärungen benötigen, die schließlich – wie die langjährige Lehrerfahrung beweist – doch wieder auf die gewählten bildhaften Ausdrücke zurückgreifen müssten.

Welche Fehler bekämpfen wir?

Fehler der Atmung:

- der flache, kurze Atem
- das geräuschvolle Atemholen
- das Stauen des Atems beim Anfänger
- die Luftverschwendung (das Verblasen des Atems)
- das Zu-viel-Atemschöpfen (äußere Merkmale: gequälter Gesichtsausdruck, Rotwerden)
- das Heben der Schultern beim Einatmen

Fehler der Tonbildung:

- zu hohe Stimmlage
- Pressen
- knödeliger oder halsiger Ton, bedingt durch eine zu weit hinten liegende Zunge
- flache, resonanzarme Tongebung

Fehler der Artikulation:

- Mundfaulheit, Trägheit der Lippen, dauernd geschlossene Zahnreihen, schwere Zunge
- Fehler bei der Bildung der s-Laute sowie hintere Bildung des r

Fehler der Rede:

- Monotonie
- hastiges, pausenloses Sprechen
- falsches Pathos

Allgemein:

- alle Verkrampfungen des Sprechapparates

Welchen Zielen streben wir zu?

Der geräuschlosen Vollatmung

- Hiebei ist besonders auf die Flanken- und die Zwerchfellatmung zu achten.

Erzielung der günstigsten Resonanzen

- Anschlagspunkt: harter Gaumen. Schon bei den Atemübungen ist zu beachten, dass sich der hintere Zungenrücken nicht dem weichen Gaumen nähert, sondern der vordere Zungenrücken dem harten Gaumen.

Der unverkrampften Tongebung

- Lockerung der versteiften Halsmuskulatur

Präziser Artikulation

- mithilfe geschmeidiger Lippen
- mithilfe eines lockeren Unterkiefers
- mithilfe einer elastischen Zunge

Der im Rahmen der Begabung möglichst farbigen Rede

- durch Schönheit der Stimme
- durch Plastik der Sprache
- durch Pointierung des Gedankens

Die Atmung

Die Schönheit der Stimme, die Plastik der Sprache, die Pointierung des Gedankens und der Ausdruck von Gefühl und Temperament sind im höchsten Grade abhängig von der Beherrschung des Atems.
Die meisten Menschen atmen im wachen Zustand ungenügend und falsch. Dagegen tun sie es richtig im Schlaf. Betrachten wir einen Schlafenden. Ruhig hebt und senkt sich nicht etwa nur die Brust, sondern vor allem der Leib: Ruhig strömt der Atem in die Lungen, ohne diese zu überfüllen, zu beklemmen, ruhig strömt er aus. Und zwischen dem Ausgeströmtsein und der neuen Einatmung ist eine kleine Pause. Einströmen – Ausströmen – – Pause – Einströmen – Ausströmen – – Pause; Heben – Senken des Leibes – einen Augenblick Ruhe – Heben – Senken des Leibes – einen Augenblick Ruhe. Das Gesicht ist entspannt. Das ist das Bild, das ein ruhig Schlafender uns bietet.
Wie kommen wir nun zu dieser Idealatmung? Tun wir einmal nichts, als dass wir, gut auf beiden Füßen stehend, die Hände locker in die Seiten gelegt, langsam bei geschlossenem Mund durch die Nase einatmen, ohne die Schultern zu heben. Wir haben das Gefühl, als würden nicht wir selbst durch Muskelkraft den Brustkorb dehnen, sondern als ob dies die Atemluft bewirke. Die Flanken weiten sich sacht, die Schultern und das Schlüsselbein bleiben dabei vollkommen ruhig. Wir ziehen auch nicht mehr Atemluft ein als nötig. Die weiche Erfüllung der Lunge mit Luft erzeugt ein Gefühl des Wohlbehagens, eine *innere Weite.* Dieses Empfinden der inneren Weite wollen wir von nun an beim Atmen nicht mehr verlieren. Nach der Einatmung verharrt die Atemluft eine Sekunde lang in der Brust; dann lassen wir sie durch den Mund ausströmen. Sie wird nicht ausgestoßen, ausgeblasen, sondern strömt zwischen den nur zu einem Spalt geöffneten Lippen und Zähnen aus, nicht aus dem weit geöffneten Mund. Dann folgt abermals eine kleine Pause, bis unser Körper fordert: Wieder einatmen! Wenn wir so lange warten, bis er gierig nach Luft schreit, erraffen wir den Atem, ziehen ihn krampfhaft ein, anstatt dass wir ihn genießerisch ansaugen, spannungslos halten, weich verströmen lassen.
Bei der Wiederholung legen wir eine Hand wie vorhin in die Seite, die andere liegt versuchsweise auf der Bauchdecke. Und nun spüren wir, wie sich die Bauchdecke – ohne dass wir etwas taten oder wollten –

sacht hebt. So erhalten wir wach stehend jene Atmung, die wir an dem Schlafenden beobachtet haben – die Tiefatmung.
Von diesem ersten Erleben der bewussten Tiefatmung – unbewusst haben wir sie längst gehabt, ohne sie zu erleben (denn Erleben hängt doch weitgehend mit Wachsein zusammen) – bis zur Nutzbarmachung für unsere Zwecke und Ziele ist ein Stück Weg. Hier muss uns der Lehrer unweigerlich mit seiner Kontrolle und seinem Rat begleiten.
Die erste Bekanntschaft mit dem Tiefatmen muss erweitert werden. Wir beschränken uns nicht auf tägliche Übungen im Zimmer, das wäre viel zu wenig bei der Bedeutung der Atmung für unser ganzes zukünftiges Leben. Wir führen die Tiefatmung in unser tägliches Leben ein. Wir gewöhnen uns an, auf der Straße den Mund geschlossen zu halten, durch die Nase ein- und auszuatmen. Die Nasenschleimhäute filtrieren die Luft, wärmen sie vor und halten den Staub zurück. Unser Atmungsapparat wird es uns danken mit größerer Gesundheit und Leistungsfähigkeit. Im Fluss der Rede ist dann freilich Mundatmung das physiologisch Gegebene.
Wenn nach einigen Übungen zur Erlangung des Tiefatmens (Flanken-Zwerchfellatmung) dem Übenden das Blut in den Kopf steigt, wenn sein Sinn nach der Einatmung auf nichts anderes gerichtet ist als auf „Schnell ausatmen, sonst zerspringe ich!" – dann hat er es falsch gemacht. Richtiges Einatmen und richtiges Ausatmen (die Wichtigkeit der Ausatmung ist nicht zu unterschätzen!) muss ein Genuss sein.
Und nun wollen wir unser Kapital, den Atem, arbeiten lassen! Bereitschaft, Konzentration auf das, was zu tun ist:

- Mund schließen
- Durch die Nase langsam und weich einatmen (einströmen lassen)
- Im Einströmen die innere Weite erkennen und genießen
- Auf dem Einatmungshöhepunkt einen Augenblick Ruhe
- Statt eines leeren Ausatmens artikulieren wir:

s .... nicht scharf! Weich wie das Summen eines Teekessels. Oder:

sch .... nicht hart wie das Ausströmen des Dampfes aus der Lokomotive, sondern weich, wie: Stille, es schläft jemand! Oder:

w .... Unterlippen nicht gegen die Oberzähne pressen, nur leicht andrücken

Eine Atemübung, im Freien zu machen: Bei leicht geöffneten Lippen langsam durch die Nase einatmen (die Zungenspitze heben wir etwa wie

bei d) – kleine Pause – schnell durch den Mund ausatmen – Pause – schnell einatmen – Pause – sehr langsam ausatmen. Wir atmen so lange aus, bis wir das Gefühl der Luftleere haben. Die Bauchdecke hat sich, ohne dass wir etwas dazu getan haben, entspannt. Gleichzeitig hat sich die Kuppel des Zwerchfelles, die sich beim Einatmen abgeflacht hat, wieder aufgewölbt. Das Zwerchfell folgt auf diese Weise dem wegströmenden Atem. Bei der Tongebung stützt diese Bewegung die Stimme.
Während in der Ruheatmung Ein- und Ausatmung annähernd gleich lang sind, soll beim Sprechen die Einatmung verkürzt, die Ausatmung verlängert werden. Wir lernen also: Schnell und *geräuschlos* einatmen und mit der Atemluft möglichst lange auskommen. Es kann nicht früh genug und nicht nachdrücklich genug darauf aufmerksam gemacht werden, dass es keinen Sinn hat, dabei zu viel Atem zu holen.

Atemübungen am Text

Es ist natürlich dem Lehrer überlassen, welche Übungen er dem Lernenden zunächst empfehlen will. Die am Schluss des Buches gebotenen „Geläufigkeitsübungen" eignen sich für erste Übungen deshalb, weil sie zunächst sehr langsam gelesen werden sollen, wobei sofort auf die korrekte Aussprache zu achten ist; schließlich wird jede Übung mit je einem Atemzug gesprochen. Die Stimmentfaltung entspricht der Lautstärke, die wir für einen größeren Raum brauchen. Später steigern wir das Sprechtempo, immer bei korrekter Artikulation; so werden die Übungen zu Geläufigkeitsübungen, die wir selbstverständlich *auswendig* und bei schnellstem Tempo klar verständlich sprechen sollen.
Der Anspruch an den Schüler kann sehr bald gesteigert werden. Wir üben u.a. an einem Teil aus den Chören von Schillers „Braut von Messina". (Übrigens dient diese Dichtung schon viele Jahrzehnte Übungszwecken!) Von einer besonders erlebnishaften Gestaltung sollte zunächst abgesehen werden. Das Hauptaugenmerk wäre darauf zu richten, dass der Übende den Atem nicht zurückhält, sondern im klangvollen Sprechen verbraucht. Die Lautstärke soll allmählich gesteigert werden, so weit es *ohne Anstrengung* möglich ist.
Drei weitere Dinge werden sofort in den Aufmerksamkeitsbereich einbezogen:

1. Falsche Betonung von Nebensilben ist zu vermeiden. Endsilben sind immer schwach.

2. Die einzelnen Wörter werden im Satzganzen nicht voneinander getrennt, doch darf man niemals einen auslautenden Konsonanten einer Silbe mit einem anlautenden Vokal der folgenden zusammenziehen: Der Vokal im Silbenanfang beginnt mit einem eigenen Einsatz. In den folgenden Übungen sind also – entgegen dem sonstigen Ablauf der Rede – alle einzelnen Wörter zunächst voneinander zu trennen, damit die Endsilben trotz der schwachen Betonung deutlich in Erscheinung treten und nicht „verschluckt" werden.
3. Die Übung wird in der dem Lernenden angenehmsten Tonlage gemacht. Forcieren der Höhe ist unbedingt zu vermeiden. Leises, hauchiges Sprechen muss ebenfalls abgestellt werden. Es ist Sache des Lehrers, den Schüler dazu zu veranlassen, dass er aus sich herausgeht, ohne dass er sich überanstrengt.

(Die Schrägstriche zwischen den Worten bedeuten: Endkonsonanten nicht in den nachfolgenden Vokal ziehen!)

Tiefatmen:	Heil dem Meere! Heil den Wogen!	(kleine Pause)
Tiefatmen:	Heil dem Wasser! Heil dem Feuer!	(kleine Pause)
Tiefatmen:	Heil dem seltnen / Abenteuer!	(kleine Pause)
Tiefatmen:	Heil den mildgewognen Lüften!	(kleine Pause)
Tiefatmen:	Heil den geheimnisvollen Grüften!	(kleine Pause)
Tiefatmen:	Hochgefeiert seid / allhier,	(kleine Pause)
Tiefatmen:	Element' / ihr, / alle vier.	(kleine Pause)

(J.W. Goethe)

Dich begrüß' / ich / in / Ehrfurcht,
prangende Halle,
dich, meiner Herrscher
fürstliche Wiege,
säulengetragenes, herrliches Dach.
Tief / in der Scheide
ruhe das Schwert,
vor den Toren gefesselt
liege des Streits schlangenhaarichtes Scheusal.
Denn des gastlichen Hauses
unverletzte Schwelle
hütet der / Eid, der / Erinnyen Sohn,
der furchtbarste / unter den Göttern der Hölle.

(F. Schiller)

Folgende Erfahrung wird an der ersten Übung gemacht: Es bedarf einer gewissen Zeit, bis der Lernende es erreicht, den Atem in einer Zeile zu verbrauchen. Er hält gewöhnlich den Atem zurück, hat am Schluss der Zeile noch eine Menge davon und empfindet es als überflüssig, noch weitere Luft dazu aufzunehmen. Aber eben dieses Zurückhalten des Atems auf Kosten der Stimmstärke soll er aufgeben lernen zu Gunsten eines „Sich-Verströmens" im Ton. Er wird erfahren, dass es der gut geführte und wohl ausgenützte Atem ist, der seiner Stimme zur Entfaltung hilft.

Derjenige, der sofort begreift, worauf es bei der Übung ankommt und der seinen Atem in vollen Klang umsetzen kann, will zunächst gewöhnlich am Schluss der Zeile nach vollendeter Ausatmung ohne Pause sofort neu einatmen. Er muss die Pause halten! Er soll der Lunge ruhig diese Sekunde Ruhe, diesen kleinen Lufthunger gönnen. Sollte er aber noch nicht so weit sein, dass er, breit sprechend, mit einem Atem über eine ganze Zeile kommt, was kein seltener Fall bei Menschen ist, die ein Leben lang flach und kurz geatmet haben, dann atme er ruhig, ohne den Mund zu schließen, mit mäßig geöffneten Lippen. Nicht mit aufgerissenem Mund nach Luft schnappen, schon gar nicht mit einem keuchenden Geräusch! Es eilt nicht. Niemand hetzt uns. Das Tempo ist unwichtig.

Es kann nicht oft genug gesagt werden, dass wir den Atem niemals als etwas uns Bedrängendes spüren dürfen: Weder beim Einatmen als ein uns belästigendes, noch beim Anhalten als spannung- beziehungsweise krampferzeugendes Element, das versteifend auf die Halsmuskulatur wirkt. Wenn wir zum Zweck des Atemtrainings eine längere oder kürzere Pause machen, bleibt alles, wie es war: Das Gefühl der *inneren Weite* darf nicht verloren gehen, der Hals darf nicht steif werden. Es geschieht nichts weiter, als dass wir uns den Wunsch erfüllen: Ich will eine kleine Pause machen, es passt mir so, es macht mir Spaß. *Wenn wir lächelnd – in der heiteren Gemütsverfassung, die uns mit dem Lächeln zuströmt – tief einatmen, dann vollzieht sich diese innere Weitung von selbst.*

I. Tiefatmen: Wir kommen von fern her,
wir wandern / und schreiten
Tiefatmen: von Völkern zu Völkern,
von Zeiten zu Zeiten;
Tiefatmen: wir suchen / auf / Erden / ein bleibendes Haus,
um / ewig zu wohnen
auf ruhigen Thronen,
Tiefatmen: in schaffender Stille,
in wirkender Fülle,
Tiefatmen: wir wandern / und suchen / und finden's nicht / aus.
(F. Schiller)

II. Tiefatmen: Wir kommen von fern her,
wir wandern / und schreiten
von Völkern zu Völkern,
von Zeiten zu Zeiten;
Tiefatmen: wir suchen / auf / Erden / ein bleibendes Haus,
um / ewig zu wohnen
auf ruhigen Thronen,
Tiefatmen: in schaffender Stille,
in wirkender Fülle,
wir wandern / und suchen / und finden's nicht / aus.

Ich möchte darauf hinweisen, dass dieses kleine Gedicht mit immer geändertem Ausdruck gesprochen werden kann: laut fordernd, schnell und gehetzt, breit hinströmend usw.
Es ist überhaupt von größter Wichtigkeit, den Schüler zur künstlerischen Stellungnahme aufzufordern, besonders, wenn es sich um zukünftige Schauspieler handelt. *Was* habe ich zu sagen? *Worauf* kommt es an? *Wie* drücke ich mein Gefühl aus, ehrlich, klar und ohne falsches Pathos? Wir brauchen damit keineswegs so lange zu warten, bis wir sprecherisch und stimmlich durchgebildet sind. Das Interesse des Lernenden wird angeregt, die Langeweile wird vermieden.

Die Arbeit am Vokal

Mit welchem Vokal soll die Arbeit begonnen werden, nachdem sich der Schüler mit der Atemtechnik einigermaßen vertraut gemacht hat? Es gibt keine Regel dafür. Ich beginne die Arbeit aus dem vorhandenen Guten heraus; schon um der Entmutigung vorzubeugen, die viele junge Menschen am Beginn der Arbeit befällt. Im Allgemeinen kann man sagen, dass mit dem Laut begonnen werden soll, der dem Lernenden am besten gelingt.
Für helle, flache gequetschte Stimmen kommt die Arbeit an der dunklen Vokalgruppe in Frage, die Entwicklung des meist flachsten Vokales a vom u her. Also: u – o – a; und von hier aus schreitet man dann zur hellen Vokalgruppe weiter: a – e – i.
Für dumpfe, halsige Stimmen gilt der umgekehrte Weg: i – e – a; und weiter: a – o – u.
Obwohl wir nach dem klanglichen Eindruck dunklere und hellere Vokale unterscheiden, wird darauf bei der Arbeit am einzelnen Vokal keinerlei Rücksicht genommen. Für beide Vokalfärbungen, hell und dunkel, ist der Vordersitz anzustreben. Keinesfalls heißt hell so viel wie flach, genäselt oder plärrig, und dunkel so viel wie dumpf und halsig. Allgemein ist zu sagen, dass der kurz gesprochene Vokal im Deutschen offen, der lange Vokal dagegen geschlossen ist:

Ahnen – Anna	Ebene – Ebbe	Miete – Mitte	Mode – Motte
Ahle – alle	Ehre – Erbe	müde – müssen	Mut – Mutter

Die einfachsten Vokale verändern sich im Deutschen während der Lautung nicht. Auch vor einem r bleibt der Vokal unverändert und darf nicht in ein a abgleiten, das den Übergang zum r bildet oder dieses gar ersetzt; z.B. Sturm, nicht Stuarm oder Stuam.

I. Übung

Wenn wir an den Beginn der Arbeit den geseufzten Klang stellen, erfahren wir schnell, welche Tonhöhe dem Lernenden am mühelosesten und selbstverständlichsten ist.

Innere Einstellung: Ich bin namenlos müde. Tiefatmen durch die Nase, Lippen öffnen sich leicht und weich. Zunge liegt unbeteiligt und lose im Unterkiefer. Sie ist ohne jegliche Spannung. Aus dieser müden Gesamteinstellung heraus den Ton ausseufzen. Nicht einen bestimmten Vokal, sondern eben den Klang, der sich dabei von selbst ergibt. Im Seufzen senkt sich die Stimme etwas. Diese Seufzerstimmlage ist der günstigste Tonbereich, von dem aus wir unsere Übungen beginnen können.
Tiefatmen – ausseufzen und den Atem im Seufzer verbrauchen. Im Laufe der Übung entwickeln wir dann aus dem Seufzer einen dunklen Vokal, am besten zuerst ö oder ü, und weiterhin e oder i. Die Herauslösung des Vokals aus dem Seufzer vollzieht sich auf einfache Weise: Der Mund öffnet sich weich, die Zunge liegt locker im Unterkiefer.
Stete Wiederholung der Hinweise: weich, locker, strömend!

II. Übung

Wir stellen den Vokalen zunächst den Hauchlaut h voran:

hu – ho – ha – he – hi – hü – hö – hä – hei – heu – hau

haben	hängen	holen	heulen	Hund
heben	Hürde	hüben	hauen	hoben
hieben	Herde	hegen	helfen	hören
heilen	Heide	Hände	Hagen	Häher

Demselben Zweck können die Reiblaute f, w, s und sch dienen:

fu – fo – fa – fe – fi – fü – fö – fä – fei – feu – fau

fahren	vier	faul	fügen	Vogel	Fäden
fuhren	Feuer	Feier	fegen	Föhre	fehlen

wu – wo – wa – we – wi – wü – wö – wä – wei – weu – wau

Wucher	Wagen	Wind	wähnen	wölben
Wohnung	Wege	wünschen	weinen	wieder

su – so – sa – se – si – sü – sö – sä – sei – seu – sau

suchen	sagen	siegen	Söhne	Seide	saugen
sollen	Segen	Süden	Säge	säugen	sauber

schu – scho – scha – sche – schi – schü – schö – schä –
schei – scheu – schau

Schuld	Schaden	schinden	schön	scheinen	Schaum
schob	Schemen	Schüler	schämen	schäumen	schauen

III. Übung

Wir sprechen nun den Vokal ohne Vorspann. Welchen, bestimmt der Lehrer. Tiefatmen – der Mund öffnet sich mäßig weit. Der Ton wird weich angesetzt, löst sich von den Stimmlippen ohne Nachdruck. Auf besondere Lautstärke ist kein Gewicht zu legen.
Wichtig ist: Der erzeugte Ton muss ruhig sein. Er darf nicht flackern, zittern, „bibbern", wie wir es respektlos nennen. Flackern ist ein Beweis für unruhiges Atmen.

IV. Übung

Am Anfang steht das Piano, das Leisesprechen. Die Beherrschung des Piano ist wichtiger für die Stärkung der Stimme und für die Klangentfaltung als verfrühtes Schreien. Piano sprechen heißt keineswegs hauchen! Zur richtigen Pflege des Piano gehört die präzise Artikulation der Konsonanten. Der präzise gesprochene Konsonant trägt den Vokal, stützt ihn. Wir brauchen dabei mehr Atem.
Die Verstärkung setzt sehr bald ein. Der Ton schwillt vom Piano zu halblauter Stärke an und schwillt wieder ab. Wir dürfen uns nicht anstrengen. Die Tongebung muss für uns ein Vergnügen sein. Wenn wir einatmen, spüren wir die innere Weite, wir sind bereit zu immer größerer Klangentfaltung. Weich und mühelos soll der Vokal aus dem unversteiften Hals über die gelassen im gesenkten Unterkiefer ruhende Zunge ausströmen.

V. Übung

Wenn wir zwischen zwei Vokale einen Konsonanten setzen, dann halten wir uns bei diesem gar nicht auf. Er unterbricht den Klang so wenig wie möglich:

aaaaaaa-h-aaaaa............	asa...................
ooooooo-h-ooooo	ese ....
uuuuuuu-h-uuuuu	isi ....
usw.	usw.
afa................................	uschu...............
efe................................	oscho...............
ifi.................................	ascha...............
usw.	usw.

Die Punkte bedeuten Aushalten des Tones bis zum restlosen Verbrauch des Atems.

Wenn wir allmählich die Dauer der klingenden Ausatmung verlängern, so sollen wir dabei keineswegs eine übermäßige Menge von Atemluft aufzuspeichern suchen oder gar mehr Zeit für das Einatmen aufwenden. Im Gegenteil, wir sollen die Einatmungsdauer immer mehr verkürzen und mit dem Atem möglichst lange auskommen, ohne jedoch irgendwie krampfhaft zu sparen.
Bei diesen Stimmübungen sind atemdrosselnde Konsonanten – wie b, p, d, t, g, k – zu vermeiden.
In vorsichtiger Arbeit muss auch der Tonumfang erweitert werden.
Die folgenden Übungstexte sind so gestaltet, dass der jeweils zu übende Vokal möglichst häufig vorkommt. Ein Gleiches gilt für die im dritten Abschnitt zusammengestellten Konsonantenübungen. Ich muss noch einmal darauf hinweisen, dass ein besonderer literarischer Wert – abgesehen von den einbezogenen Gedichten und Sprüchen – von solchen Übungen nicht verlangt werden kann. Was erreicht werden soll, ist zunächst nur, den Sprechapparat zur Arbeit anzuregen, Sprechfehler aufzudecken und abzustellen.
Die Übungen sind grundsätzlich laut zu lesen. Sie sind zunächst übertrieben langsam zu sprechen, um erstens zum Bewusstsein des richtigen Klanges und der richtigen Artikulation zu kommen; in zweiter Linie gehört unser Augenmerk der Ausführung des Stärkeakzentes. Die tontragenden Silben müssen sich von den unbetonten unterscheiden;

die unbetonten Silben dürfen trotzdem nicht undeutlich gesprochen werden. Drittens haben wir auch in diesen Übungen auf die durch die Interpunktion angedeutete Sprachmelodie zu achten. Als oberstes Gesetz gilt hier: Beim Punkt sinkt der Ton. Der Zuhörer muss schon am Tonfall erkennen, dass der Satz zu Ende ist.
Und noch ein Wort zur Aussprache der kurzen Silben. Es ist ein Irrtum, anzunehmen, so wie ich die Dehnung einer Silbe dadurch erreiche, dass ich den Vokal lang spreche, erreiche ich die Kürzung dadurch, dass ich nun einfach den Vokal kurz spreche. Die Kürzung der Silbe wird erreicht durch ein rasches Losgehen auf den dem Vokal folgenden Konsonanten. Man vergleiche im langsamen lauten Lesen:

Hahn	–	Hand	Hase	–	hassen
Rabe	–	Rappe	Miete	–	Mitte
Liebe	–	Lippe	Mode	–	Motte
wieder	–	Widder	Rede	–	rette
Rose	–	Rosse	kam	–	Kamm
Huhn	–	Hunne	Kien	–	Kinn
Mut	–	Mutter	Lied	–	litt

Es ist nicht zu verkennen, in dem Wort „Hahn" trägt das a allein die Länge. Das n folgt dem Vokal in großer Gelassenheit. Dem kurzen a in „Hand" folgt das n sehr schnell und energisch. Wir ruhen nach dem schnell gesprochenen Vokal auf dem nachfolgenden Konsonanten beinahe aus. Das n und das m klingen mehr, das s ist schärfer, das p energischer.
Der Unterschied zwischen kurzer und langer Silbe betrifft also nicht allein die Aussprache der Vokale, sondern ebenso die der ihnen unmittelbar folgenden Konsonanten.

a

Die Hochsprache unterscheidet zwei a-Laute und zwar einen kurzen und einen langen. Qualitativ sind beide nahezu gleich. Das kurze a wird meist offener und heller, das lange ein wenig geschlossener und dunkler gesprochen. Offen und hell heißt aber nicht, gequetscht, flach, plärrend. Das helle a hat lediglich mehr Glanz, Helle, Metall, spürbare Energie als das dunkle a. Dunkles a heißt nicht, dumpf im Hals hängenbleiben. Es wird nur weicher angesetzt, weicher, runder und länger ausgeformt. Die Zunge liegt fast flach und nimmt Ruhehaltung ein. Die Zungenspitze ruht an den unteren Schneidezähnen. Das a ist der Vokal, der am meisten Raum fordert. Vor übertriebenem Aufreißen des Mundes sei aber gewarnt.

Übungen

a im Inlaut

Das a – Übungstempo

lang (geschlossen)	–	kurz (offen)
Made	–	Matte
nagen	–	Nacken
lahm	–	Lamm
Lade	–	Latte
Lage	–	Lacke
Rasen	–	Rasse
Rate	–	Ratte
Strafe	–	straff
fahl	–	Fall
Wahl	–	Wall
wahr	–	warten
Saal	–	Salz
Sahne	–	Sand
zagen	–	Zacken
Schaden	–	Schatten

Sprechtempo

lang (geschlossen	–	kurz (offen)
Haken	–	Hacke
Schar	–	scharren
Haar	–	harren
jage	–	Jacke
Bahn	–	Bann
Base	–	Bass
Dame	–	Damm
Gase	–	Gasse
Babel	–	Pappel
Tadel	–	Dattel
Staat	–	Stadt
Star	–	starr
kam	–	Kamm
Kahn	–	kann
Qual	–	Qualle

Das a im Anlaut

lang		kurz	lang		kurz
ahnen	–	Anna	Amen	–	Amme
Ahle	–	alle	Aachen	–	Achtung
Art	–	Artist	Aas	–	Ast
Aare	–	Arme	Asien	–	Asphalt
Ahn	–	an	Abend	–	Apennin

Der Unterschied, auf den es hier ankommt, ist nicht allein durch die Länge der Vokale bedingt, sondern auch durch die verschiedene Energie, mit der die auslautenden Konsonanten zu sprechen sind. Auch ist der anlautende kurze Vokal mit etwas härterem Einsatz zu sprechen, als der lange.

Die Vorsilbe an- ist immer kurz:

Angabe	andrehen	anbahnen	anregen	anbauen
Anschlag	aneignen	Anlage	anlegen	anführen

Wörter, in denen nach Theodor *Siebs* „Deutsche Hochsprache – Bühnensprache“ die Aussprache geregelt wurde:

kurzes, offenes a:

ab, Nachen, Nachbar;
Magdeburg;
am, Damwild, Bräutigam;
an, man, heran;
Hellebarde, Garten, hart, Karte;
Marter, Scharte, warten;
Walfisch, Walross, Walnuss;
Marschall, barsch, Marsch;
das, dass, was, Monat;
Klatsch, Quatsch

langes, geschlossenes a:

ihr habt, gehabt, brach;
die Brache, das Gemach;
nach, Schmach, Ungemach;
Jagd, Magd;
artig, Art, Bart, zart;
Arzt, Harz, Quarz, Papst;
der Wal, Walstatt;
Labsal, Schicksal;
achtsam, folgsam, Leichnam;
Gas, Fraß, Spaß;
Heimat, Heirat, Zierrat

Die folgenden Übungen sind laut, langsam, deutlich zu lesen, Wort für Wort, am Anfang unserer Arbeit jedes voneinander getrennt. Der Unterschied zwischen betonten und unbetonten Silben ist deutlich herauszuarbeiten. Jeder Satz muss durch Senken der Stimme richtig abgeschlossen werden:

Übungssätze

Dem lahmen Asiaten sah man niemals an, was er dachte. Abraham jagte der Jacht samt ihrer achtköpfigen Bemannung der ganzen adriatischen Küste entlang nach, dann gelang es Andreas, die waghalsige Bande zu fangen. Nachdem am Abend alle die zahlreichen Verwandten schlafen gegangen waren, kamen Matthias, Anastasia und Alexandra auf den Gedanken, die alten Balladen und Sagen des Landes im Saale vorzutragen. Die Namen der fünf Erdteile sind: Amerika, Afrika, Asien, Europa und Australien. „Der Menschheit ganzer Jammer fasst mich an", ist ein bekanntes Zitat von Goethe. Manche Altstadt sank in Asche, das flache Land bestand die zahlreichen Angriffe leichter. Der Angeklagte sagte keinesfalls die Wahrheit. Der Mann nahm an allen afrikanischen Luftangriffen teil. Anna und Franziska ahnten die baldige Ankunft des alten Mannes. Der interessante Abenteurer sang nach dem Nachtmahl zur Gitarre; alle Anwesenden sangen mit; in der prachtvoll akustischen Halle klang der Gesang wunderbar. Deine Art, den Bart zu tragen, ist unschön. Der Knabe wartet artig im Garten. Diesen rosafarbenen Quarz fand man im Harz. Die scheinbare Unart des Arztes war nur ein rauer Spaß. Unser Nachbar fuhr mit dem Nachen über die Ache. Diese brave Magd heiratete in ihrer Heimat. Warum ist der Mann verzagt, niemand klagt ihn an. Das unartige Kind öffnete den Gashahn zum Spaß. Fasse ihn nicht hart an, er wartet darauf, dass er die Scharte ausbessern kann. Papa und Mama tadeln es hart, dass die naschhafte Klara alle Datteln aufaß. Die giftigen Gase lagen in Schwaden in der schmalen Gasse. Es ist wahr, wir warten knapp acht Jahre. Hans hängte die Gartenhacke an den starken Haken. Hanna gestaltete die Arie der Messalina einfach großartig. Der Bastler bastelte sich einen Radioapparat, alle Anschlüsse machte er selbst.

Am Waldesrand lagerten lange Schatten,
atmend im Abendglanz standen die Matten,
es nahte die Nacht in strahlendem Glanz,
Waldschrate lachten in tappendem Tanz.

Am Walde, nahe am Abhang, da ackert am Abend der Ahn,
ein Adler nahet dem Alten auf erhab'ner, begnadeter Bahn;
der Rappe, der starke, er rackert sich wacker am Acker ab,
die machtvoll ragenden Alpen, sie strahlen gralfarben herab;
nach des Tages hartem Schaffen, all der Arbeitsplage und Qual,

steigt sternflackernd herab die Dämmerung, beschattend den Grat und
[das Tal;
dann in des Allvaters Walten atmet balsamisch die Nacht,
und ein zartes, zaghaftes Ahnen dankt seiner Allmacht und Pracht!
(F. Steil)

Einsam wachend
in der Nacht,
wem der Traum
der Liebe lacht,
hab' der Einen
Ruf in Acht,
die den Schläfern
Schlimmes ahnt,
bange zum
Erwachen mahnt.
Habet Acht! Habet Acht!
Bald entweicht die Nacht.
(R. Wagner)

Da wird das kalte Wasser warm
und schadet nicht dem Kragen
und schadet nicht dem Magen
und schadet nicht dem Darm.
(Ch. Morgenstern)

Und Kreuz und Ranken
schwankten und sanken
vereint noch im Falle,
in den Abgrund hinab.
(J. Frhr. v. Eichendorff)

Magst du zu dem Alten halten
oder Altes neu gestalten,
mein 's nur treu und lass Gott walten.
(J. Frhr. v. Eichendroff)

Iss, was gar ist,
trink, was klar ist,
red, was wahr ist.
(Volksmund)

Zwischen Berg und tiefem Tal
saßen einst zwei Hasen,
fraßen ab das grüne Gras
bis auf den Rasen.
(Volksreim)

e – ä

Wir unterscheiden im Deutschen vier verschiedene e-Laute:

1. das lange, geschlossen e (Beet),
2. das lange, offen ä (Märchen),
3. das kurze, offene e (ä) (Feld, fällt),
4. das schwache e in Nebensilben (Gabe).

Bei der Bildung der e-Laute ist vor allem zu beachten, dass der Mund in die Breite gezogen wird. Im Gegensatz zu den Vokalen o und u, bei denen die Lippen leicht gerundet sind, werden bei den e-Lauten (und ebenso auch bei i) die Lippen gespreizt, und zwar im Allgemeinen umso mehr, je geschlossener der Laut klingt. Die Zungenspitze liegt an den unteren Schneidezähnen. Der Zungenrücken hebt sich gegen den vorderen harten Gaumen.
Beim langen ä nehmen Lippen und Zunge eine Stellung ein, die zwischen der von a und e liegt, sich jedoch nicht zu weit von der des e entfernt. Man hüte sich, diesen Laut allzu flach und offen – plärrend – auszusprechen.
Das kurze, offene e wird in manchen Wörtern mit dem Buchstaben e, in anderen durch ä bezeichnet (z.B. er hält – der Held). Bei den langen e-Lauten bezeichnen die Buchstaben ä und e dagegen verschiedene Laute.
Das Nebensilben-e wird in der Vorsilbe gewöhnlich ganz richtig gesprochen, während es in der Endsilbe häufig verschluckt wird. Es soll jedoch besonders in gebundener Sprache nicht völlig unterdrückt werden, andererseits muss aber vor jeder übertrieben deutlichen Aussprache gewarnt werden. Nebensilbe – Nebensache!

Übungen – e und ä

kurzes, offenes e (ä):			langes, geschlossenes e	–	langes, offenes ä:
Recht	–	rächt	Meer	–	Mär
Welle	–	Wälle	Rede	–	Räder
sengen	–	Sänger	Feder	–	Fädchen
Schwemme	–	Schwämme	wehren	–	während
Hessen	–	hässlich	wer	–	wäre
Herr	–	Härte	wen	–	wähnte
bellen	–	Bälle	Seele	–	Säle
Pech	–	Pächter	Segen	–	Säge
Geste	–	Gäste	Schlegel	–	Schläger
Gerte	–	Gärtner	Herde	–	Härchen
schlecht	–	Schlächter	je	–	jäh
wenn	–	gewänne	Beeren	–	Bären
Erbe	–	Ärger	Ehre	–	Ähre
Eltern	–	älter	Esel	–	äsen

langes, geschlossenes e	–	kurzes, offenes e (ä):	langes ä	–	kurzes e (ä):
Ehre	–	Erbe	Räder	–	Retter
Pferde	–	pferchte	Bläser	–	Blässe
Rede	–	Retter	mäßig	–	messen
Wert	–	Werber	Nägel	–	necken
Herd	–	herb	Schäden	–	schätzen
lehren	–	lernen	Schäfer	–	Scheffel
Steg	–	stecken	schäkern	–	Scheck
legen	–	lecken	wähnen	–	Wände
Heer	–	Herr	Säge	–	Säcke
Meer	–	merken	Hähne	–	Händler
Regen	–	recken	Pärchen	–	Perle
scheel	–	Schelle	Täler	–	Teller
leer	–	Lärm	Kähne	–	kenne

e und ä im Anlaut

lang		kurz	lang		kurz	lang		kurz
Erde	–	Ernte	Esel	–	Espe	äste	–	Äste
Elend	–	Elfe	Ekel	–	Ecke	Ära	–	Ärger
edel	–	Edda	Erz	–	Erzengel	Äon	–	Äquator

Unterscheide:

beten	–	bäten	–	Betten
legen	–	lägen	–	lecken
Segen	–	sägen	–	Sekte
sehen	–	säen	–	Sennen
Lethe	–	Läden	–	Letten
Reeder	–	Räder	–	Retter
stehlen	–	stählern	–	Stellen

Wörter, in denen nach *Siebs* die Aussprache geregelt wurde:

kurzes e:	langes e:	langes, offenes ä:	aber kurzes ä:
Rebhuhn;	Lebkuchen, Krebs,	Städte,	Stätte,
	Beredsamkeit, beredt,		Brandstätte
	nebst, Krebse;	Gebärde;	
weg; Bremse;	er, der wer;	nämlich;	
Herberge, Herzog,	Erde, Herd, Herde,	Bärte, zärtlich,	
Ferse, Vers, Verse,	Pferd, werden, Wert,	verzärteln;	
Nerz, Schmerz, Herz,	Schwert, erst,	grätschen, hätscheln,	
Erz(bischof) =	das Erz,	tätscheln, gemächlich;	
archi;	Beschwerde;		
es, des	stets;	Späße;	
	Brezel	Rätsel	

Die gekränkte Ehre,	der gerechte Rächer,
die schlechte Ähre,	der schlechte Schächer,
die hässlichen Hessen,	die Geste der Gäste,
das Märchen vom Meere,	das echte Märchen,
die rechte Säge,	der echte Segen,
des Pferdes Mähne,	das herzliche Mädchen,
die hellen Säle,	die edlen Seelen,
Bären fressen Beeren,	während er sich wehrte.

Wenn in welkenden Blättern der Herbstwind weht,
wenn das schwellende Weben zu Ende geht,
wenn die Hecken am Wege voll Beeren stehn,
dann werden wir den Schnee bald seh'n ...
Wenn der Schnee zergeht, der die Erde deckt,
wenn der Lenzwind weht, der die Erde weckt,
wenn gegen den Berg die Herden gehn,
werden Weg und Steg bald voll Blüten stehn.
(L. Rollet)

Wie wetterbewegte Wellen, so weht mein Wehe
in wechselndem Weben entgegen dem Sternenzelt;
o dass der Seele Sehnen im Heldenherzen vergehe,
es sehe in seliger Sehnsucht über die Welt;
Selig, die in Schmerzen nach Vergeben erbeben,
sie werden den Segen des Vergessens erleben!
(F. Steil)

In den Händen lächelnder Mädchen glänzen die Kränze,
die mit lärmenden Schellen eröffnen der Ernte Tänze,
kräftige Männer die fächelnden Ähren mähen,
Häher in dämmrigen Wäldern krächzen und krähen.
(F. Steil)

Das Leben gern zu leben,
musst du darüber stehn!
Drum lerne dich erheben,
drum lerne abwärts seh'n.
(F. Nietzsche)

Jauchzet, ihr Wälle,
sprudelt, Gefälle!
Sing es, Gelände,
echot, ihre Wände!
(A. F. Bernhard)

Mise mause Kätzchen,
wie weich sind deine Tätzchen,
wie zierlich ist dein Näschen,
wie lustig deine Späßchen!
(Kinderreim)

Sind's deiner Seufzer Wehen,
die mir die Segel blähen?
Wehe, wehe, du Wind!
(R. Wagner)

Es erben sich Gesetz und Rechte
wie eine ew'ge Krankheit fort;
sie schleppen von Geschlecht sich zum Geschlechte
und rücken sacht von Ort zu Ort.
(J. W. Goethe)

Der Mensch erkennt sich nur im Menschen,
nur das Leben lehrt jeden, was er sei.
(J. W. Goethe)

Das e in Vorsilben

Die Vorsilben er-, zer-, ver-, ent- haben immer kurzes, offenes e:

erleben	zertreten	vergeben	entscheiden
erhalten	zerreißen	verzeihen	entbehren
ergreifen	zerstören	verdienen	entgleisen
erlauben	zerfallen	verlieren	entbieten
erschlagen	zerkauen	vertrauen	entzücken
erbitten	zerbrechen	vertragen	entsetzen
erregen	zerbeißen	verlieben	entsenden

In diesem Zusammenhang sei die Aufmerksamkeit darauf gelenkt, dass nach diesen Vorsilben ein anlautender Vokal mit neuem Einsatz zu sprechen ist:

er/obern	ver/anlassen	ent/ehren
er/arbeiten	ver/argen	ent/arten
er/eignen	ver/achten	ent/eignen
er/übrigen	ver/äußern	ent/äußern
er/innern	ver/einen	ent/erben

Das e in den Vorsilben be- und ge- darf weder nach ö hin gesprochen werden, noch darf es offen sein wie das in er-, ver- etc.:

begehen	belieben	gedeihen	Gedanken
behalten	bedauern	gehalten	Geburt
betragen	bedienen	geliehen	gelassen
Betrug	benehmen	gefordert	gestürmt

Die Vorsilbe her- kommt sowohl betont als auch unbetont vor:

betont:		unbetont:	
hergeben	hernehmen	herüber	herbei
herweisen	hersagen	heraus	herzu
herzeigen	herschauen	herein	herunter
herlegen	hertragen	hervor	herauf

Das e in Endsilben

-e	-en			
Habe	mahnen	siegen	Röhren	stehlen
gebe	Fahnen	gegen	Föhren	fehlen
Liebe	sterben	liegen	Toren	teilen
Linde	gerben	legen	Spuren	feilen
wähle	tollen	Augen	Fluren	maulen
Riese	hüllen	taugen	gären	kraulen
Löhne	fielen	eigen	fuhren	mahlen
lebe	tragen	äugen	schwören	zahlen
Seele	strafen	Reigen	Türen	Mühlen
Stühle	prüfen	zogen	fahren	heilen
Robbe	hallen	fragen	geboren	holen
Flagge	brummen	lügen	verlieren	Qualen

-end	-enden	-er	-el
gebend	liebenden	Kater	Fabel
holend	landenden	Keller	Hebel
teilend	holenden	Rinder	Bibel
strafend	ruhenden	Roller	Kogel
Abend	quellenden	Bruder	Dusel
fallend	dürstenden	Täter	Ränzel
rufend	schiebenden	Töchter	Flegel
murrend	klopfenden	Hühner	Flügel
pflückend	raufenden	Kleider	Mantel
lockend	lastenden	Räuber	Himmel
fliehend	hütenden	Bauer	Spindel
grüßend	fluchenden	Feuer	Bündel

Besonderheiten

er hält – erhält	er geht – ergeht	er kämpft – erkämpft
er lebt – erlebt	er ringt – erringt	er tränkt – ertränkt
er hört – erhört	er regt – erregt	er säuft – ersäuft

Er hält das Pferd. Erhält er das Schwert? Er regt etwas an. Erregt folgt er der Unterhaltung. Er kämpft um sein Recht. Das Recht ist hart erkämpft. Er ringt nach Atem. Er erringt den Preis. Er tränkt die Tiere. Man hat die Katze ertränkt. Er trägt die Krone. Sie erträgt ihr Leid. Es ist unerhört, wie gut er hört. Er lebt und erlebt neu.

Der Unterschied beruht hier darauf, dass das *Fürwort* er lang und geschlossen gesprochen wird, die *Vorsilbe er-* dagegen kurz und offen.

-elnd	-elnden	-ernd	-ernden
bettelnd	bettelnden	flackernd	flackernden
trampelnd	trampelnden	stotternd	stotternden
lächelnd	lächelnden	baggernd	baggernden
brodelnd	brodelnden	gewitternd	gewitternden
humpelnd	humpelnden	donnernd	donnernden
fächelnd	fächelnden	fütternd	fütternden
rodelnd	rodelnden	wimmernd	wimmernden
stammelnd	stammelnden	zertrümmernd	zertrümmernden
radelnd	radelnden	trillernd	trillernden
tadelnd	tadelnden	schillernd	schillernden
himmelnd	himmelnden	lodernd	lodernden

Bei der Endsilbe -er ist darauf zu achten, dass das r nur angedeutet wird. Keinesfalls aber darf dieses nur angedeutete r sich in ein a verwandeln.

Übungssätze

Der um das Erbe geprellte ehrliche Sekretär des Herzogs verhehlte seinen berechtigten Ärger keineswegs. Ich gestehe, dass die Ehre des netten Mädchens nicht unerheblich verletzt ist. Die Ähren der Gerste sind von denen des Weizens verschieden. Der Erzengel steht auf einem Sockel von Erz. Der lernbegierige Lehrer strebte aus dieser engen Umgebung heraus. Der Gelehrte erzählte den jungen Menschen die Lebensgeschichte des Propheten. Erdwärme nennt man die Eigenwärme des Erdkörpers. Erdung ist die Herstellung einer leitenden Verbindung zwischen elektrischen Geräten und der Erde. Es gibt Menschen, die auf das Essen von Erdbeeren schlecht reagieren. Erblehre ist die Wissenschaft von den Gesetzmäßigkeiten der Vererbung. Er erkennt den Wert der Pferde nicht. Gewähre ihm die Bitte und gib ihm das Gewehr. Seine berechtigte Beschwerde wurde abgewiesen. Er schnitt sich eine Gerte ab. Der Weg, auf dem die Herde geht, führt steil bergab. Der Herr entsendet mehrere Knechte zur Verstärkung der sich ehrenvoll im Ährenfeld wehrenden Männer. Die erschöpfte Menge betete in den ausgedehnten Sälen für ihr Seelenheil und um den ersehnten Regen für Mensch und Vieh. Der träge Schlächter wetzte zum Zehntenmal sein glänzendes Messer, ehe er das Ferkel zerlegte. Die Eltern erzählen dem eigenen und dem fremden Mädchen Märchen aus fernen Ländern. Aus der bescheidenen Helene ist ein verzärteltes, verhätscheltes, unerträgliches Dämchen geworden. Der Held erhält das Schwert aus den Händen des Erzherzogs. Die Drescher dreschen die Gerste in der Tenne und werfen die leeren Ähren in die Ecke. Herbert verzehrt sich in Sehnsucht, während Ernst mit der Trennung von den Eltern schneller fertig wird. Ich werde die Pferde zur Tränke führen. Der Himmel wölbte sich herrlich über dem Meer, mit geschwellten Segeln stach das Schiff in See. Die hässliche Hexe geht bettelnd des Weges, entsetzt wendet sich jeder weg, ehe er ihr etwas gibt. Mit Recht versucht er sich zu rächen. Melusine erzählt das Märchen vom Meerweib. Im März sind die Nebel über dem See am ärgsten. Sich wehrend, drängte er sich an die Berglehne, während neue erbitterte Gegner sich näherten. Der Elch trat tief in den gelben Lehm und stand wie gelähmt, sein Ende erwartend. Die geängstigte Herde raste über die eisgehärtete Erde. Er hatte die Ehre, das Fest eröffnen und die Festgäste mit einer selbst verfertigten Rede begrüßen zu dürfen. Emils stehende Redensart ist: Die Ehe ist ein gewagtes Unternehmen, es ist besser, ihm aus dem Wege zu gehen. Trotzdem verliebte, verlobte und verheiratete er sich, ehe er sich dessen versah.

i

Das i wird mit leicht geöffneten und etwas mehr, als bei e in die Breite gezogenen Lippen gesprochen. Bei der Artikulation des i kann sich der Zungenrücken leicht zu sehr an den Gaumen anlegen, wodurch es gewissermaßen verquetscht oder zerdrückt wird. Es genügt nicht, nur die Lippen breit zu ziehen und die Zähne frei zu legen, es kommt darauf an, den Mundraum nicht zu eng zu gestalten.

Übungen

Das i im Inlaut

Übungstempo lang (geschlossen) – kurz (offen)		kurz (offen)	*Sprechtempo* lang (geschlossen)		
Miene	–	Minne	schielen	–	schillern
Liebe	–	Lippe	Stiel	–	still
fliegen	–	flicken	Hiebe	–	Hippe
Riese	–	Riss	Biene	–	binnen
rief	–	Riff	Bier	–	Birne
vier	–	Firn	Pike	–	picken
wir	–	wirr	diese	–	Distel
wieder	–	Widder	Tiger	–	ticken
Wien	–	Wind	Gier	–	girren
siebe	–	Sippe	Kies	–	Kissen
Ziege	–	Zicke	Kien	–	Kinn

Das i im Anlaut

lang		kurz	lang		kurz
ihm	–	im	Isar	–	ist
ihn	–	in	Ida	–	Italien
ihr	–	irr	Ilias	–	Iffland
ihnen	–	innen	Isel	–	Indien

Wörter, in denen nach *Siebs* die Aussprache geregelt wurde:

kurzes, offenes i:
Viertel, vierzehn, vierzig;
Distel

langes, geschlossenes i:
vier, Vierteil;
Nische

kurzes, geschlossenes i:
vielleicht

Schiller mit den Silberschwingen aus den himmlischen Gefilden,
mit dem frischen Liederklingen, dem so lieblich-innig-milden,
Bringer du der ird'schen Liebe mit des Himmels Friedenslicht,
du verinnerlichst die Triebe wie der Minne Festgedicht.
Ja, du schirmest durch dein Wirken im Gefild der Irdischkeiten
unsern Sinn, dass ihn umzirken hier des Lichtes Himmelsweiten.
(F. Steil)

Immer find' ich dich in tiefem Sinnen;
sinnst der Pflicht nach, die dich zu mir trieb?
Doch ich will dich nimmer so gewinnen,
siehe! erzwingen lässt sich nicht die Lieb.
Kannst du dich nicht liebend mir verbinden,
will verzichten lieber ich auf dich.
Will ein andrer dir die Myrthe winden,
still verschließ' ich meine Lieb' in mich.
(L. Rollet)

Zielverstiegenes I, Himmel im Mittagslicht,
zitterndes Tirili, das aus der Lerche quillt.
(J. Weinheber)

Du liebes Kind, komm, geh mit mir!
Gar schöne Spiele spiel' ich mit dir …
(J. W. Goethe)

Übungssätze

Er zielt aus der Zille auf die flink flitzenden Fischchen, die wir Stichlinge nennen. Ich bin das Ziel dieser Biene und werde binnen kurzem ihr Opfer sein. Diese übermütigen Iren wollen ihren Irrtum nicht einsehen; sie wollen nicht wissen, dass Irren menschlich ist. Sie sind ihrer trefflichen Sitten wegen gut gelitten und machen gute Miene zum bösen Spiel. Der Riese riss den riesigen Fisch auf das spitze Riff und rief um Hilfe. In ihrer Verwirrung ging Irene den wütenden Widder immer wieder und wieder an. In der Mittagsstille zirpten Grillen in der Wiese, Bienen und schimmernde Libellen flogen hin und wider, winzige Zillen glitten das Flüsschen hinunter, vier Schwimmer schwammen in ihrem Kielwasser. Sieg ist das Ziel des Krieges. Man bezichtigte ihn vor Gericht, zu den Gerüchtemachern zu gehören. Friedrich stritt mit erbitterter Miene, sieben von seiner Sippe unterstützten sein wirres, immer wieder wider mich gerichtetes, unsinniges Gerede. Iller, Isar und Inn fließen zur Donau hin. Ich identifiziere mich mit deiner Idee und bin sicher, viel für dich tun zu können. Sieh dieses liebenswürdige Kind, es wird sich an der Distel, die es dir bringen will, bestimmt verletzen. Die Lilie trieb auf dem trüben Wasser dahin, Iris fischte sie sich heraus. Die Hilfe, die wir den Vieren bieten können, ist gering. Idas Kinder werden niemals mit dem Schiff nach Wien kommen. Die Imme fliegt immer wieder um das zitternde Kind und ängstigt es. Die vier Finnen verirren sich immer wieder, wer wird sie endlich ans Ziel bringen? Die Pflicht gebietet ihm, diesen Flüchtling über das Gebirge zu bringen. Nimm ihm die Binde vom Gesicht, damit er sieht, wo er sich befindet. Vierzig riesige Rinder liefen über die Insel, der entsprungene Tiger rannte gierig hinter ihnen her.

o

Das o stellt eine Zwischenstufe von a zu u dar. Bei der Bildung dieses Lautes ist darauf zu achten, dass man sich weder zu sehr der noch stärker gerundeten Aussprache des u noch der ungerundeten des a nähert. Wir unterscheiden ein langes, geschlossenes und ein kurzes, offenes o. Die Zunge liegt wie bei a und u locker im Unterkiefer. Man achte auch auf unverkrampfte Unterkiefermuskeln und auf die Lippen, welche den Ton ausformen sollen, ohne sich zu sehr vorzustülpen. Wichtig ist bei diesem Vokal der Vordersitz. Das Metall, das den Vokal tragfähiger und schlagkräftiger macht, ist ebenso zu erarbeiten wie die Weichheit des Klanges.

Übungen

Das o im Inlaut

Übungstempo lang (geschlossen)	kurz (offen)	*Sprechtempo* lang (geschlossen)	kurz (offen)
Mode	Motte	Zofe	Zopf
Lot	Lotte	hohl	Holz
Lore	Lorbeer	hoch	Hochzeit
rot	Rotte	Jod	Joppe
Rose	Rosse	bohren	Born
Pfote	Pfosten	Pose	Posse
vorgehen	Vorteil	Donau	Donner
Fohlen	voll	Dom	Tom
wohnen	Wonne	Ton	Tonne
Sohn	Sonne	Gote	Gott
Schote	Schotte	Kohl	Koller

Das o im Anlaut

lang	kurz
Ober	ob
Ostern	Osten
Obacht	Obdach
Ofen	offen
Oder	Otter
Opium	Optik

o vor r

lang	kurz
Chor	Korn
Pore	Borte
Moor	Mord
Ohr	Ort
Rohr	Sport
Tor	Torte

Für den Unterschied im Einsatz gilt dasselbe wie bei anlautendem a.

Geschlossenes und offenes o;

Wohlwollen, Großglockner, Todesopfer, Wochenlohn, sorglos, Morgenrot, Orgelton, Rohrdommel, hohnvoll

Wörter, in denen nach *Siebs* die Aussprache geregelt wurde:

kurzes, offenes o:	langes, geschlossenes o:
ob, Obdach;	Obacht, beobachten, Knoblauch, Obst, Probst;
Hochzeit; Bischof;	Vogt, Lotse;
Brombeere, vom, von;	Mond, Montag, schon;
Lorbeer, Vorteil, vorbei;	vor, vorwärts;
erlosch, gedroschen;	
Ost, Osten, Droste	Kloster, Ostern, Trost, Floß

kurzes, geschlossenes o:

Herzog

Sonnengold und rote Rosen
sollen lockend dich umkosen,
und der holde Gott Apoll
hole die Krone lobesvoll.

Wer ohne Spott,
in dem wohnt Gott.

Ein Wort am rechten Ort
hat oft wohl unverhofft
den Notgebor'nen,
schon halb Verlor'nen,
zu Gott emporgehoben
in frohlockendem Loben.
(F. Steil)

Nun sollen die großen Glocken vom Dome frohlocken
am gottbesonnten Strom, der dahinrollt im Morgengold.
Wir umflochten die Dornenkrone mit Rosen hold.
Rosigrote Wolkenwogen kommen gezogen
in frohem, hoffendem Trost vom Himmelsbogen. –
In vollen Akkorden locken des Domes Glocken:
Denn hohe, frohe Ostern sind kommen! Das Volk loht in Wonne!
Groß steigt vom Wolkenthron empor die lohende Sonne!

(F. Steil)

Übungssätze

„Gottes ist der Orient, Gottes ist der Okzident", ist ein Wort von Johann Wolfgang von Goethe. Des Vogtes Tross kommt hoch zu Ross. Das Volk tollte und johlte. Es kollerte und bollerte und holperte und stolperte über Stock und Stein. Tom spielt im hohen Dom die Orgel. Die Sonne kommt hinter den Wolken hervor. „Vorwärts!", rief die drohende Horde und rannte durch die offene Pforte. Thomas bekam seinen Wochenlohn im Klosterhof. Hochauf loderte die tosende Lohe. Morsches Holz klingt hohl. Voll Trotz und Stolz antwortete er dem drohenden Volk. Die Osterglocken läuten vom Dom. Gestern wurde Antigone von Sophokles mit großem Erfolg gespielt. Zu seiner großen Not kam noch der Hohn und Spott unguter Kollegen. Worte, Worte, nichts als Worte. Hochmut kommt vor dem Fall. Die tobende Rotte wollte den Tod des Boten. Vier rote Boote sind auf dem tobenden See. Roter Mohn und rote Rosen sind des hohen Sommers Zeichen. Stoß auf Stoß rollten die Wogen heran. Wie gewonnen, so zerronnen. Dieser Sohn des Volkes opferte sorglos die Blüte seines Volkes dem Tode. Morgen fahren wir für eine Woche fort. Wir hoffen auch im hohen Norden auf Sonne. Wir sehen hinter dem Großglockner die Sonne rot versinken; bald darauf stieg der Mond empor. Der Chor gehorchte vorbildlich. Er verlor Geld, borgte und borgte und wird nun die Sorge nicht los. Trotz des frostigen Morgens zogen die Soldaten frohgemut der Sonne entgegen. „Der Tor und der Tod" – so heißt ein Werk von Hugo von Hofmannsthal. An manchen Orten nennt man die Moore auch Moos. Über dem Ofen war der rote Vorhang verkohlt. Die rollenden Donnerschläge kommen näher. Die Hochtor-Nordwand forderte schon manches Todesopfer. Kaum geboren, schon gestorben. Er versucht, im Vorort der großen Stadt sein Fortkommen zu finden.

Nach dem Erfolg, den die Oper hatte, kannst du dich auf deinen Lorbeeren ausruhen. Es ist nicht von Vorteil, immer den Vorrang zu fordern. Trotz der goldenen Krone, die sie hocherhobenen Kopfes trug, sah sie unvorteilhaft aus. Vorausgesetzt, dass alles gut vorbei geht, kannst du von deinen Vorgesetzten einen hohen Lohn fordern. An diesem Ort fand man die gehorteten Rohstoffe.

u

Wenn die Lippen lose aufeinander liegen und wir sie durch den tönenden Atem sozusagen auseinander blasen, können wir ohne jegliche Mühe ein u erzeugen. Die Zahnreihen berühren sich dabei nicht. Schieben wir dann die Lippen leise vor und runden wir sie etwas stärker als bei o, so haben wir die Voraussetzung für ein vollklingendes u geschaffen.

Übungen

Das u im Inlaut

Übungstempo lang (geschlossen)	– kurz (offen)	Sprechtempo lang (geschlossen)	– kurz (offen)
Mut	– Mutter	Zug	– Zucker
Muhme	– mummeln	Husten	– huschen
Luke	– Luchs	Krume	– krumm
Ruhm	– Rummel	Buhle	– Bulle
Ruß	– Russe	Buch	– Bucht
Rune	– rund	Bude	– Butter
Fuder	– Futter	Bube	– Puppe
Pfuhl	– Pfund	Pute	– Putz
Wucher	– Wucht	Tube	– Tulpe
Sud	– Sund	gut	– Guss
Schule	– Schuld	Kuh	– Kunde

Das u im Anlaut

lang		kurz
Uhr	–	Urteil
Uhu	–	Ulla
Usus	–	Unze
Ute	–	Ulrich
Ufer	–	Ulme

u vor r

lang		kurz
Ur	–	Urteil
Flur	–	Furt
Geburt	–	Gurt
Mure	–	murrt
urbar	–	Urne

Das u in Vorsilben

Die Vorsilbe un- ist immer kurz und trägt meistens den Ton:

ungut	Ungunst	unfreundlich
untreu	Unwetter	unliebenswürdig
unlieb	unbekannt	Ungeheuer
unbändig	unhörbar	ungebildet
unachtsam	unanständig	untragbar

Die Vorsilbe um- kommt sowohl betont, als auch unbetont vor:

Umbau	–	ich umbaue
Umgang	–	ich umgehe
Umlauf	–	ich umlaufe
Umstand	–	wir umstehen

u – o – a

lang (geschlossen):

Trug	–	Trog	–	tragen
Bure	–	bohren	–	Bahre
Fuhre	–	vor	–	fahren
Hub	–	hob	–	haben
Huhn	–	Hohn	–	Hahn
Geburt	–	geboren	–	Gebaren

kurz(offen):

Kummer –	kommen –	Kamm
Kuppe –	Koppe –	Kappe
Guss –	goss –	Gasse
Huld –	hold –	Halde
Schuld –	gescholten –	Schalter

Wörter, in denen nach *Siebs* die Aussprache geregelt wurde:

kurzes, offenes u:	langes, geschlossenes u:
Bruch, Geruch, Spruch, Bucht, schluchzen;	Bruch (Sumpfland), Fluch, ruchlos, Wucher, Wuchs;
Urteil, flugs;	Geburt, Urbild, Ursprung, Ursache, Urlaub usw.
Dust;	Ruß, husten, pusten, Schuster, Wust, Blust, Spuk;
rutschen;	knutschen;
Schmutz, verdutzt	duzen; nun

Stumm mummen mutige Muhmen herum.

Summ und brumm, du gutes Rädchen,
munter, munter dreh dich um!
(R. Wagner)

Um den Turm wuchtet ein Sturm.
Ein Husten und Prusten flucht durch die Luft,
ein Uhu in dunkler Mulde ruft,
in Schlucht und Grube gluckst eine Wasserbucht
und sprudelt mit Wucht gegen die strudelnde Schlucht.

Mancher Herzensgrund ist eine dunkle Gruft,
drunten mit stummem Mund die Toten ruh'n.
Geduldig dulden sie, nur welken Blumenduft
er ruft die Schlummernden aus ihren Truh'n.
(F. Steil)

Übungssätze

Eine Gruppe junger Burschen versuchte den Turm zu erstürmen. Die Mutter war über das lange Ausbleiben des Jungen tief beunruhigt. Die Furcht trieb ihn zur Flucht. Ruf den Jungen, Punktum und Schluss! Es wuchsen dunkle Ulmen und Buchen rundum. Des Kleinen Füße sind kurz, krumm und plump. Der Preis ist nicht unter hundert Pfund. Die Aussage des Kundschafters ist Lug und Trug. Du musst das Huhn unterm Busch hervorholen. Die Jungen schauen mutig in die dunkle Zukunft. Das ruchlose Getue schuf Schuld und Fluch. Funken und Glut flogen umher. Nimm einen Schluck Rum, das tut gut. Die Buben sind munter und gesund. Von Mut durchdrungen, tut er das Gute. Gute Kunst schafft uns gute Stunden. Ein Ausspruch Goethes ist: Man erträgt die Unbequemen lieber, als man die Unbedeutenden duldet. Der Uhu ruft im dunklen Wald. Marcus Antonius ruft am Schluss seiner Forumsrede: „Unheil, du bist im Zuge!“ Dumpfer Sumpfgeruch drang durch das Fenster in die dunstige Stube. Furchtlos fuhren die jungen Menschen durch unerforschtes Sumpfland. Das Urteil trug zur Befriedung der Unruhen bei. Ein gutes Buch zu lesen, ist ein unvergleichlicher Genuss. Der Umbau wurde durch einen unzulänglichen Baumeister gemacht. Der Hund duckte sich murrend und knurrend. Er ist unfähig, die Unkosten zu begleichen. Er fand Unterschlupf in unserer Untergrundbahn. Du musst die Urkunde suchen. Das Flugzeug ging im Sturzflug herunter. Juni, Juli und August sind die Sommermonate. Er verlor Gut und Blut durch Lug und Trug. Du musst das Schutzhaus suchen. In der Kluft war es dunkel wie in einer Gruft. Er wusch sich hurtig die verrußten Hände. Sie trug die volle Butte zur Bude. Die Kuh holte sich vom Fuder herunter ihr Futter. Die Taube gurrt, der Käfer surrt, die Katze schnurrt und der Hund knurrt. Er fuhr mit der Urne zu dem unheimlichen Turm zurück. Ute ist unverlässlich, unpünktlich und ungenau; sie murrt und brummt ununterbrochen. Du bist unmutig und ungeduldig und vertust dein Gut ohne Nutzen. Die Geburt des Jungen wurde gefeiert. Der Wucherer wurde in der dunklen Schlucht mit ungeheurer Wucht niedergeschlagen. Julia bringt unserer Mutter Tulpen zum Geburtstag. Urban fuhr unvorsichtig in die Kurve. Hustend, prustend und fluchend erklomm er den Turm der Ruine.

ö

Das ö darf nicht entrundet, d.h. nicht zu hell nach e hin gesprochen werden. Die Stellung der Lippen ist gleich der des o, sie sind also leicht vorgestülpt, während die Haltung der Zunge annähernd die des e ist.

Übungen

Das ö – e – ä im Inlaut

langes ö:	langes e:	langes ä:	kurzes e (ä):
böse	Besen	Bäschen	besser
schwöre	schwer	Schwäre	Schwärmer
Röte	Rede	Räder	Retter
Höfe	Hefe	Häfen	Heft
Söhne	sehnen	säen	senden
löten	Leder	Läden	Lettern
Flöte	flehte	flämisch	fletschte
Tröge	Treber	träge	Treppe
Böden	beten	bäten	Betten
Öse	Esau	äsen	Esse

langes, geschlossenes e – langes, geschlossenes ö:

lesen – lösen
hehre – höre
kehre – Chöre
Lehne – Löhne
flehen – Flöhe
Kehle – Köhler

kurzes, offenes e (ä) – kurzes, offenes ö:

Stecken – Stöcke
Recken – Röcke
kennen – können
Wärter – Wörter
helle – Hölle
Felle – Völle

Unterscheide:

Dänen –	dehnen –	tönen
Mähre –	Meere –	Möhre
Räte –	Rede –	Röte
Ähre –	Ehre –	Öre
wäge –	Wege –	wöge
läsen –	lesen –	lösen
Häher –	hehre –	höre
Bären –	Beeren –	Börse

ö im Anlaut

lang	kurz
Öse –	östlich
Ödenburg –	Öttingen
Öfen –	öffnen
Öde –	Öchslein

ö vor r

lang	kurz
Röhre –	örtlich
schwört –	wörtlich
betört –	Mörder
Chöre –	Mörser

Wörter, in denen nach *Siebs* die Aussprache geregelt wurde:

kurzes, offenes ö:	langes, geschlossenes ö:
Mörser;	Behörde, Börse;
östlich;	Flöße, trösten, rösten,
Böschung	Österreich, höchst;
	Gehöft, Vögte

Goethe, Schöner, Lichtgekrönter, aus den höchsten Höh'n der Götter,
du versöhntest schnell Empörer, du versöhntest auch die Spötter;
denn mit österlichen Tönen und mit tröstlichem Beschwören
ließest du die Töchter, Söhne von der Schönheit Größe hören.
Du, der Dichterkönige größter, warst der Löser aller Nöte,
warst der höchste, schönste Tröster: Schöpfer neuer Morgenröte!
(F. Steil)

Was glänzt dort vom Walde im Sonnenschein?
Hör's näher und näher brausen.
Es zieht sich herunter in düsteren Reih'n,
und gellende Hörner schallen darein
und erfüllen die Seele mit Grausen.
(Th. Körner)

Und von ihrem Hals behende
tät sie lösen eine Kette,
reicht mit ihren weißen Händen
mir die allerschönste Perle.
(J. Frhr. v. Eichendorff)

Übungssätze

Die ewigen Verschwörungen erschweren den regierenden Herren das Leben, das tröstet den zerstörungslustigen Pöbel. Die böhmische Gräfin erfleht in ihren Gebeten göttlichen Segen für den verehrten König und die Königin. Löse beim Lesen die Zähne mehr voneinander. Der Tölpel hörte das Dröhnen der Bomber nicht, er dehnte und reckte sich fröhlich, höchst erstaunt über die erschreckten Gesichter der verstörten Mönche. Die Törin stellte den Besen in den Teer. Während der Rede des Reeders rötete sich der östliche Himmel märchenhaft über dem Meer. Helene schält mehrere Möhren. Selbst der schwerhörige Herr vermochte das entsetzliche Getöse nicht zu überhören. Der gesprengte Löss löste sich schnell, der Felsen selbst blieb unzerstört. Einen König, der sich seinen Völkern entzieht, können wir weder ehren noch schätzen. Es ist nötig, die Löhne der erbosten Söldlinge zu erhöhen. Hedwig legte die gerösteten Nüsse in den Mörser. Wenn sich dem Bösen etwas Besseres böte, löste er das Verlöbnis der ihm gänzlich hörigen Söhne ohne Zögern. Es ist ein tröstliches Unternehmen, aus dieser Öde ein Eden erstehen zu lassen. In östlichen Bezirken waren örtliche Unwetter. Er schwört, dass er das Schwert nicht unnötig ziehen werde. Die zerstörungswütigen Söldner zögerten, ehe sie das Gehöft zu einer öden Trümmerstätte machten. Die Fröhlichkeit seiner Söhne ergötzte ihn höchlichst.

ü – y

Beim ü verbindet sich die Rundung der Lippen mit einer Zungenhaltung, die der des i nahe kommt. Es ist sehr genau auf die Lippenrundung zu achten, damit das ü nicht dem i ähnlich klinge. Das aus dem Griechischen stammende y, im Deutschen Ypsilon genannt, wird als ü gesprochen. Gelegentlich kommt eine Neigung zum i vor, z.B. in Zylinder.

Übungen

Nü – nie – nü – ni – nü – ni } erst in langsamer,
inü – inü – inü – inü – inü } dann in schneller Folge

Das ü im Inlaut

Übungstempo lang (geschlossen)		Übungstempo kurz (offen)	Sprechtempo lang (geschlossen)		Sprechtempo kurz (offen)
müßig	–	müssen	Züge	–	zücken
müde	–	Mütter	Hüte	–	Hütte
Nüstern	–	Nüsse	Bühne	–	bündig
Lüge	–	Lücke	bübisch	–	Püppchen
Flüge	–	flügge	büßen	–	Büste
Krüge	–	Krücke	Düne	–	dünn
fühlen	–	füllen	Düse	–	Düsseldorf
führen	–	Fürsten	Tür	–	dürr
Wüste	–	wüsste	kühn	–	künden

ü im Anlaut / ü vor r

ü im Anlaut lang (geschlossen)		ü im Anlaut kurz (offen)	ü vor r lang (geschlossen)		ü vor r kurz (offen)
Übel	–	üppig	Gebühr	–	Fürst
üben			führt	–	dürsten
über			schnürt	–	kürzlich

langes i:	langes ü:	kurzes i:	kurzes ü:
liegen	– lügen	Liste	– Lüste
Riege	– Rüge	Rist	– rüsten
Trieb	– trüb	First	– Fürst
vier	– für	flicht	– flüchten
Ziege	– Züge	Hindin	– Hündin
schielen	– Schüler	Gebirge	– Bürge
Schwiele	– Schwüle	Binde	– bündig
Ziegel	– Züge	Gericht	– Gerücht
Biene	– Bühne	sticken	– Stücke
biegen	– Bügel	bezichtigen	– züchtigen
Tier	– Tür	wirken	– würgen
sieden	– Süden	Dichter	– tüchtig

i-Laut:	ü-Laut:	y = ü-Laut:	
liegen	– Lücke	Lyra	– Eurydike
Rieke	– Rücken	Amphitryon	– Tyrann
viel	– Fülle	Lydia	– Erinnyen
siech	– süchtig	Analyse	– lynchen
schmiegen	– schmücken	Zypern	– Dionysos
Mitte	– müde	Labyrinth	– Krypta
Sitte	– Süden	Asyl	– Mythos
Brite	– brüten	Satyr	– Sibylle
Kiste	– Küste	Pyramide	– Libyen

Wörter, in denen nach *Siebs* die Aussprache geregelt wurde:

kurzes, offenes ü:	langes, geschlossenes ü:
Gerüche, Gelübde; Sprüche, gebürtig	Rüsche, hüsteln, düster, wüst, Nüstern

Nach der drückenden Schwüle
fühle ich Kühle, hier in der Mühle.

Eine beglückende Würde
ist oft eine drückende Bürde.

In der Frühe brüllen tüchtig die Kühe.
Das Geflügel beim Hügel schüttelt rüstig die Flügel.
Würzige Düfte erfüllen die Lüfte.
Blüten grüßen blühend zu Füßen.
Gottes Güte erglüht im Gemüte.

(F. Steil)

Grasemückchen, trink ein Schlückchen,
fang ein Mückchen, sing ein Stückchen,
deinem kleinen Grasemückchen.

(F. Rückert)

Der Frühling wird ja immer
gerühmt, wie sich's gebührt,
weil er mit grünem Schimmer
die graue Welt verziert.

(W. Busch)

Überm Garten durch die Lüfte
hört' ich Wandervögel zieh'n,
das bedeutet Frühlingsdüfte –
unten fängt's schon an zu blüh'n.

(J. Frhr. v. Eichendorff)

Hüte, hüte den Fuß und die Hände,
eh sie berühren das ärmste Ding,
denn du zertrittst eine hässliche Raupe
und tötest den schönsten Schmetterling.

(Th. Storm)

Übungssätze

Er führt den Fürsten über Gründe und Schlünde. Hilf ihm über die Hürde. Das Kind spielte glücklich mit dem Kürbis. Der Südwind trieb das Boot zurück zur Insel. Auf dem Rücken der lieblichen Insel Rügen blüht üppiger Ginster. Günstige Winde bliesen herüber. Nimm Rücksicht auf die vielen Mütter. Müde müssen wir wieder zurück. Die Riege rückt hinüber. Die Dienstmagd dünstet das Geflügel. Flieger überfliegen die windgepeitschte Wüste. Wüssten die Mütter, wie ihre Kinder dürsten! Dürfte ich dir dienen, ich täte es gerne. Sieh hier ringsum die wüste Wildnis! Der Tiger blickte tückisch herüber. Klirrenden Trittes stürmten die Ritter vorüber. Siegfried und Kriemhilde kürten einander. Tristan und Isolde, Siegfried und Kriemhilde sind berühmte Liebespaare. Die Güte dieses Kindes ist berückend. Sie brieten das Vieh in der brütenden Sonne. Was schiert es mich, ob er das Feuer schürt. Der Schüler schielt hinüber. Der Fürst stand auf dem Dachfirst. Der berüchtigte Dichter berichtigte seine Aussage. Bringe diese Kiste zur Küste. Die Zille war das Ziel ihrer Wünsche. Er verbindet seinen Verbündeten. Spitzfindig sucht sie Sünde in jeglichem Tun. Der Irrtum würde sie bitter verwirren. Er wird sie mit dieser stürmischen Liebe schließlich überzeugen. Die wilden Tiere drängten sich durch die Türe. Die ägyptischen Pyramiden sind weltberühmt. Orpheus und Eurydike sind Gestalten der griechischen Mythologie. Dionysos war Tyrann von Syrakus. Die Hymne ist von einem anonymen Lyriker gedichtet. Gymnastik ist gesund. Dem Darsteller des Amphitryon wurde hymnisches Lob gespendet. Der Alte ähnelt einem Satyr. Jeder folgt seinem Lebensrhythmus. Er sucht Asyl in den Pyrenäen. Zypressen beschatten die Krypta.

ei – eu – au

Bei den Diphthongen gehen die Sprechwerkzeuge von der Stellung des ersten Lautes in die des zweiten über, wobei aber durch die rasche Verschmelzung eine Klangeinheit erzielt wird. Wir dürfen bei den Diphthongen uns nicht durch das Schriftbild verleiten lassen. Es gibt im Gegensatz zur Schreibung nur drei Arten der Aussprache:

1. ei (ai) : Wir sprechen ein helles, kurzes a und schließen ein unbetontes, geschlossenes e an: ae!
2. eu (äu) : Wir sprechen – vom Schriftbild abweichend – ein kurzes, offenes o und schließlich ein unbetontes, geschlossenes ö an: oö!
3. au : Dieser Diphthong wird am besten in der Weise gebildet, dass wir einem kurzen a ein unbetontes, geschlossenes o folgen lassen: ao!

Übungen

Die Schriftbilder ei und ai bezeichnen den gleichen Zwielaut, ebenso ey und ay:

mein – Main	Leib – Laib	Bayern – Tokayer
Hein – Hain	Weise – Waise	Bey – Norderney

Ebenso bezeichnen eu und äu den gleichen Zwielaut:

heute – Häute	freuen – Räuber
streuen – dräuen	Eugen – äugen

ei und eu

Übungstempo		*Sprechtempo*	
ei-Laut:	eu-(äu-)Laut:	ei-Laut:	eu-(äu)-Laut:
meiden –	Meute	zeigen –	zeugen
Meise –	Mäuse	scheinen –	Scheune
leise –	Läuse	heiter –	heute
leiten –	läuten	beide –	Beute
reiben –	Räuber	freien –	freuen
drei –	treu	Eile –	Eule
Feier –	Feuer	Brei –	Bräu

Übungssätze

Meide seinesgleichen, er meint's nicht treu. Das scheue Meislein erschrak vor dem kleinen Mäuslein. Die herrlichste Zeit am Main ist der Mai. Leite die Leute sie läuten die kleinen und die großen Glocken. Zur Feier des Tages brannte man ein Freudenfeuer ab. Er zeigt vor Zeugen das verbeulte Fahrrad. Er liefert heiter heute die Häute. Sie kam heiser von der weiten Reise. Viele Heinriche waren deutsche Kaiser. Mein Leuchter ist leichter als dein Leuchter. Der Räuber reibt sich die Hände über die reiche Beute. Mir will scheinen, die Scheunen seien noch eine Meile weit entfernt. Das Kleid ist mir nicht feil. Das Fleisch zeigt Fäulnis. Es ist eine reine Reue. Deine zwei treuen Freunde verbünden sich mit deinem Feind. Freue dich, dass er sie freit. Frei ist er freilich, doch Freude kennt er nicht. Er geleitet die leidenden Leute zur Feier. Die Meuterer wurden gepeitscht. Neunundneunzigmal hat dein Meister Nein gesagt. Die beiden teilten die reiche Beute in gleiche Teile. Er widersetzt sich der Heilung mit Heulen. Keiner zeigte dem Steuereinnehmer ein freundliches Gesicht. Dein Freund freut sich auf den Freitag. Seine Freude über die wieder erlangte Freiheit war unbeschreiblich. Die Himmelsbläue bedeckte sich langsam mit bleifarbenen Wolken. Meile um Meile reiten sie im Feindesland und finden keinen der vermissten Freunde. Er veräußerte die alten schmiedeeisernen Gitter. Die Eier sind teuer. Tritt ein in den heiligen Hain! Am Rhein und am Main wächst herrlicher Wein. Das Glockenläuten stört den Leidenden sehr. Der Weise weiß einen Rat für die Waise. Die Kleine ist einfach, bescheiden und treu. Drei Freunde brachen ihm grundlos die Treue. Kühnheit und Klugheit zeichnen ihn aus. Die Bräute trugen breit bebänderte Hüte. Er spricht ungereimtes Zeug, während er die Scheune räumt. Unter Glockengeläute gab man dem Paar das Geleite. Er schlug sich mit dem Beil eine Beule. Die Scheunen scheinen voll Getreide zu sein. Er bezeugt dem Zeichner die Reife seiner Leistungen. Leih mir Geld! Der Leu brüllt im Zwinger. Der Kohlenmeiler nährt viele Mäuler. Heute reiten wir über die Heide. Wenn die Reihe an dich kommt, zeige deutlich deine Reue. Der alte Araber begeiferte die feilschenden Käufer.

Das au

Übungstempo		*Sprechtempo*	
aus	Hauch	Augsburg	Maus
Bau	Brauhaus	lau	Raubbau
Auge	Saum	Auto	Laube
genau	Augenbraue	Pfau	Zauberbaum
Aula	Kauz	August	Traube
Troppau	Brautschau	Tau	Taubenhaus
		außen	fauchen
		blau	Laubbaum

Es reitet der Mai in die weißen Weiten
und verheißt eine heitere, heilige Zeit.
Mit Eisesrecken weiß er zu streiten,
sie weichen seiner Herrlichkeit.
Und von weit und breit eilen hinterdrein
freiende, reihende Maidelein.
(F. Steil)

Beweinet den, der leidet,
beweint nicht den, der scheidet!
O welche Lust, allein zu sein!
Allein zu stehen, welche Pein.
(J. G. Frhr. v. Salis)

Dir nicht eigen,
einzig mein,
mit leidest du,
wenn ich leide:
nur was ich leide,
das kannst du nicht leiden!
(R. Wagner)

Frau Freude weilt in den neuen Räumen
des neuen Gebäudes zwischen Sträuchern und Bäumen;
denn ein blauäugiges Bräutchen betreut das Feuer
getreulich am leuchtenden Herdgemäuer!
Heitere Leute meistern die Freude, eine Beute der Zeit,
scheuchen die dräuenden Feinde des leuchtenden Heute weit,
erneu'n die befreiende, reuheilende Treue im Mai,
läuten begeistert das Heil euch mit Feuereifer herbei.
(F. Steil)

In meiner Heuscheuer ist's nicht geheuer.
Da hockt, meiner Treu, ein Hexel im Heu.
(C. Spitteler)

So feiern wir den heil'gen Mai,
Mai, mach uns frei!
Reicht euch die Hände,
bleibt euch treu!
Mai, mach uns frei!
(P. Hermann)

Die alten Weiden neigen
sich auf dein Bett herein,
die Vöglein in den Zweigen,
sie singen treu dich ein.
(J. Frhr. v. Eichendorff)

Dein Gedenken lebt in Träumen fort;
Träume, die dein Bild verklärt mir zeigen,
sagen, dass du ewig bist mein eigen,
und gewiss, die Träume halten Wort.
(P. Cornelius)

Übungssätze

„Trau, schau, wem?“, lautet ein altes Sprichwort. Aus den Augen, aus dem Sinn. Im Garten steht ein Pflaumenbaum voll dunkelblauer Pflaumen. Sie schaute mit staunenden Augen an dem Hang hinauf. Die Frau baute ein Kartenhaus. Trau den lauernden Augen nicht. Kaufe das Haus und baue es neu auf! Der Raub liegt im Staub. Glaubst du, es sei ein Traum? Der Bauer baut ein neues Haus. Er verkauft das Brauhaus. Der Hausknecht warf die Raufenden aus dem Haus. Er ist launenhaft und aufbrausend und taugt nichts. Er kaufte bei der Frau mit den blauen Augen Trauben. In einem Augenblick verlor er den Glauben an die Treue seiner Frau. Der Alte schaut aus wie ein Faun. Schau den Blütenbaum am Gartenzaun. Mit Grauen denken sie an das Elend draußen. Sie hausen in einer Laubhütte. Die Frauen tauschten Waren untereinander. Gut gekaut ist halb verdaut. Maientau macht grüne Au. „Nach gutem Tau Himmel blau“, sagt eine Bauernregel. Wenn einer sagt: „Blaue Augen, schlaue Augen“, sagt ein anderer: „Ein graues Aug, ein schlaues Aug! Auf schelmische Launen deuten die braunen.“

Die Arbeit am Konsonanten

Bis jetzt haben wir hauptsächlich von der Arbeit am Vokal gesprochen. Wir haben gesehen und gelernt, wie wichtig der weiche Einsatz, die unangestrengte Entfaltung der Stimme ist, wie der locker sich öffnende und schließende Mund an der Ausformung des Tones beteiligt ist, wie die Zunge den Ton nicht am Ausströmen hindern darf. Wir haben die einzelnen Vokale sehr bald in Worten und Sätzen geübt und so selbstverständlich auch die Konsonanten in den Arbeitsbereich mit einbezogen. Nun wollen wir daran gehen, uns durch besondere Übungen zur Schönheit der Vokale die sichere Beherrschung der übrigen Sprachlaute – der Konsonanten – zu erobern, wodurch wir uns auch die Stimme bis ins hohe Alter gesund erhalten.

> „Für die Kehle natürliche, gesungene, schöne Töne –
> den Sprechwerkzeugen hemmungslose, lockere Freiheit."
> (A. Greiner)

Eines ist vom andern abhängig, wenn wir gute Sprecher werden wollen – der Vokal vom Konsonanten, der Konsonant vom Vokal. Nur gute Töne ohne präzise Artikulation genügen ebenso wenig wie die deutlichste Artikulation ohne gesunden Ton.
Wir lernen, dass wir mit Hilfe des richtig und sorgfältig artikulierten Konsonanten den Kehlkopf entlasten. Wir bekämpfen die natürliche Schwerfälligkeit der Zunge und überwinden die Trägheit des Unterkiefers, der sich gegen die höheren Anforderungen an seine Beweglichkeit wehrt, und schließlich lernen wir, wie wichtig es ist, im Dienst unserer Sprache die Lippen von den Zähnen zu nehmen. Zur Schönheit und Weichheit des Klanges der Stimme gesellen wir die Deutlichkeit der Konsonanten, die gleichsam das Skelett unserer Sprache darstellen. Der Vokal gibt die Farbe, der Konsonant die Kontur.
Anfangs übertreiben wir die Bewegungen, die zur Artikulation erforderlich sind; dann aber streben wir als Ziel an, von Laut zu Laut mit einem Mindestmaß von Bewegungen höchste Deutlichkeit zu erreichen.

m – n – ng

Diese Lautgruppe bezeichnet man als Nasenlaute. Allen drei Lauten ist gemeinsam, dass sich bei ihrer Bildung das Gaumensegel nicht heben darf. Infolge des gesenkten Gaumensegels entweicht der Luftstrom durch die Nase und ruft dadurch den für die Lautgruppe so charakteristischen Klang hervor.

Beim m bleibt die Zunge in ihrer natürlichen Lage, d.h. sie liegt flach und locker im Unterkiefer. Die Zahnreihen bleiben etwas geöffnet. Die Lippen sind geschlossen, dürfen aber nicht fest zusammengepresst werden, sondern liegen weich aufeinander. Wir erzeugen in uns, mit leise lächelndem Mund, eine behagliche Stimmung: „mmm – mir geht's gut!“

Beim n öffnen wir die Lippen zu einem Spaltmund und legen die Zungenspitze hinter die oberen Schneidezähne. Die Kiefer bleiben, wie bei der m-Bildung, etwas geöffnet.

Das ng ist ein einheitlicher Laut. Die Lippen sind geöffnet. Die Zungenspitze sucht die Nähe der unteren Schneidezähne. Der Zungenrücken steigt in die Höhe und schließt zusammen mit dem Gaumensegel den vorderen Mundraum ab. Auf keinen Fall darf die Zunge an den Gaumen angepresst werden. Am Ende des ng-Lautes löst sie sich sachte vom Gaumensegel, ohne dass ein g als Abschluss hörbar wird. Die wenigen Ausnahmen von dieser Regel werden unten angeführt.

Die Übungen mit den Nasenlauten m, n und ng sind für die Stimmbildung besonders wichtig, weil sie die so genannte „nasale Resonanz“ fördern und dadurch den Stimmklang veredeln. Die nasale Resonanz darf jedoch nicht mit dem Näseln verwechselt werden.

Übungen

m n ng	in verschiedenen Höhenlagen summen, wobei die Artikulationsstellung des einzelnen Lautes genau eingehalten werden muss.
m n ng	Summen einer einfachen Melodie, wobei zu große Intervalle vermieden werden sollen. Jeder Laut soll seinen Klangcharakter behalten.

m und n

Man stelle sich eine weitschwingende, klingende Glocke vor:

munung – munung – munung
monong – monong – monong
manang – manang – manang
meneng – meneng – meneng
mönöng – mönöng – mönöng
mining – mining – mining
mününg – mününg – mününg

Auf die behaglichere Artikulation des m gegenüber dem schärferen n ist besonders zu achten; ng ist genau in der oben angegebenen Weise zu bilden.

Mammut – Mann – Mangel
Memme – Mensch – Menge
Moment – Monat – Montierung
mummen – Mund – Mustang
Mime – Mine – Minderung
Ampel – Anden – Angel
immer – Inn – hing

m in Anlaut, Inlaut und Auslaut:

Mal – Dame – am – Arm
Mast – Hammel – Damm – Sturm
Mensch – Memel – Lehm – Form
Milde – Himmel – im – Reim
Mond – Omen – Dom – Oheim
Mund – Muhme – um – Kulm

n in Anlaut, Inlaut und Auslaut:

niemand – ihnen – Inn – Hirn
Nornen – Tonne – Ton – Horn
nennen – Ende – Kahn – Kern
Narr – Arno – Firn – Farn
Nuss – Hunnen – Tun – turnen
Nüstern – künden – dünn – küren

Besonderheiten

Zwischen m und t oder m und d darf kein b gesprochen werden!

flammt	träumt	frommt	Hemd	brummt
stammt	schäumt	kommt	stemmt	verstummt

Das n darf in den folgenden Beispielen an das m nicht angeglichen werden:

anmelden	anmerken	unmöglich	Unmanier	Anmut
anmessen	einmachen	unmäßig	unmerklich	Unmut

Auch vor f darf das n nicht verändert werden:

sanft	fünf	Zukunft	Hanf	Unfug
Senf	Zunft	Anfang	Sänfte	künftig

Endet das eine Wort mit m oder mit n und beginnt das nächste Wort mit demselben Laut, dann werden die beiden aufeinanderfolgenden Laute nicht getrennt; es ist nur der Atemdruck am Ende der auslautenden Silbe abzuschwächen und am Anfang der anlautenden Silbe zu verstärken:

kam mutig	im Monat	unnötig	in nichts
im Mond	um mich	annähernd	man nimmt
im Mai	im Magen	von niemand	an niemand

Der Laut ng im Auslaut und im Inlaut:

Gang	Ring	bangen
eng	Rang	drängen
fing	lang	schlingen
Gong	sang	jünger
jung	Übung	gedrungen

Angel	klingeln	Jüngling	durchgängig
Engel	schlängeln	England	abhängig
Klingel	bemängeln	englisch	bleichwangig
Bengel	drängeln	länglich	erstrangig
Dschungel	gängeln	hungrig	Bangigkeit

Nur vor volltönenden dunklen Vokalen spricht man ng + g:

Ingo	Mongole	Ungarn
Kongo	Mangan	Flamingo

Besonderheiten

Vor dem schwachbetonten u der Nachsilbe -ung bleibt jedoch der bloße ng-Laut:

Bedingung	Einenngung	Verdrängung	Übung	Teilung
Erringung	Sprengung	Verjüngung	Senkung	Innung

Vor der Endung t das g weich artikulieren:

bringt	mengt	singt	sprengt	hingt	langt
fangt	prangt	sangt	hängt	springt	drangt

Vor k wird das n wie der Laut ng gesprochen:

junger	–	Junker	Drang	–	Trank
Rangen	–	Ranken	hängen	–	henken
Anger	–	Anker	dringst	–	trinkst
schwangen	–	schwanken	singst	–	sinkst
Wangen	–	wanken	sangst	–	sankst
schlang	–	schlank	sengst	–	senkst

Gehört das n zu einer Vorsilbe, so bleibt es vor g oder k unverändert:

Angabe	Ankündigung	Anklage
ungestüm	anketten	Unklugheit
eingeben	Ankunft	Einklang

Von meiner Mutter mildem Mund
kam manche Mär dem Müden,
die mich gemahnt so manche Stund
an milden Himmelsfrieden:
wenn Missmut mich mit Macht beschlich,
beklommen Traum und Schlummer,
hat mir ein Märchen mütterlich
genommen Gram und Kummer!

Die Brunnen und Brünnlein fließen von fernen Firnen hernieder,
sie rinnen und rennen und singen viel innige, minnige Lieder,
sie raunen den Menschenkindern von reiner, sonniger Pracht
und wollen sie lind erwecken aus Not und Nebelnacht.

Es schwangen die Schlangen sich über die langen, prangenden Spangen!
Die Schwingen verfingen sich in den alles durchdringenden Schlingen!
Wir haben gesungen, sind vorgedrungen, und es ist gelungen!
In dem Gedränge war ein Sich-Schlängeln in der zwängenden Enge!

Und wer den Balmung richtig schwingt,
dem klingt er;
wem seine silberne Stimme singt,
mit Tod und Teufel ringt er;
und wer der Welt die Freude bringt,
ins Reich der Götter dringt er.
(F. Steil)

Zehn kleine Negerlein
saßen auf einer Scheun'.
Einer fiel und brach ein Bein:
da waren 's nur noch neun.
(Kinderreim)

Um Mitternacht, wenn die Menschen erst schlafen,
dann scheint uns der Mond, dann leuchtet uns der Stern;
wir wandeln und singen und tanzen erst gern.
(J. W. Goethe)

Ohne Nennen, ohne Trennen
neu erkennen, neu entbrennen,
endlos, ewig, nie bewusst.
(R. Wagner)

Heute heißt verglimmen,
wie ein Licht verglimmt,
in der Luft verschwimmen,
wie ein Ton verschwimmt.
(Fr. Strauß)

Übungssätze

Montag- und mittwochmittags kommt der Mann nicht heim. Der junge Junker nahm die Huldigung männlich entgegen. Der Mann ähnelt in nichts seiner mutigen Mutter. Er fühlt die brennende Wunde in seinem Herzen. Ohne Besinnen rannte die Meute von hinnen. Die Walnüsse fallen nicht ab. Dunkle Pflaumen hängen am Baum. Nimm Ananas, Anna, und bringe sie der Kranken. Sie schwang den Mantel. Sengende Flammen wälzen sich heran. Die Nornen spinnen den Faden. Die Nonnen gönnen dem Fremden das Mahl. Man muss mindestens freundliche Miene zum unguten Spiel machen. Eine lärmende, drängende Menge stürmte den Eingang. Jungen mit Stangen und Angeln gingen singend zum Fischfang. Endlich bringt die Sonne den Schnee zum Schmelzen. Niemand nimmt Anteil an seiner himmelschreienden Not. Der junge Hengst gewann das Rennen überlegen. Man besann sich umsonst auf den Namen des jungen Menschen. Unermüdlich rannte er hin und her, mutig umging er die feindlichen Kolonnen. Minna von Barnhelm, Nathan der Weise und Emilia Galotti sind die bekanntesten Stücke von Lessing. Er nannte dem Monarchen die bekanntesten Namen. Der Müller stimmt mit den überspannten Plänen seines Nachbarn nicht überein. Kein Kummer könnte seinen Hochmut dämpfen. Der junge braune Hund sprang über alle Zäune. Ohne Unterbrechung folgt ein sonniger Sonntag dem andern. Das junge Mädchen summte beim Spinnen eine bekannte Melodie. Er trägt den ungewöhnlichen Namen Agamemnon. Musische Menschen haben meistens gemeinsame Interessen. Melanchthon war Humanist und Reformator. Die Musik der „Meistersinger von Nürnberg“ ist wunderschön und unvergesslich. Engelgleich wandelte sie unter den stöhnenden Verwundeten und sprach ihnen ununterbrochen Mut zu. Millionen armer Menschen gerieten unverschuldet in Elend und Not. Eine moderne Sintflut überschwemmte die Menschheit. Die Martern waren unvorstellbar.

l

Beim l stemmt sich die Zungenspitze gegen den harten Gaumen. Der Luftstrom entweicht zu beiden Seiten der Zunge. Die Lippen sind mäßig geöffnet.
Es ist darauf zu achten, dass das l nicht infolge zu langer Artikulation zu dick klingt. Wird die Zunge am harten Gaumen zurückgerollt, so bildet sich ein plumper, schwerfälliger l-Laut, der ebenfalls zu vermeiden ist.
Bei den Konsonantenverbindungen mit l (pl, bl, kl, gl, fl, schl) ist besonders darauf zu achten, dass sich zwischen die Laute kein Gleitlaut einschiebt.

Übungen

Lager	Falle	Alter	bald	Falz
legen	Elle	Elend	Geld	Schmelz
Lied	Wille	Diele	mild	Pilz
Lohn	rollen	holen	Gold	Holz
Lupe	Bulle	Schule	Schuld	Sulz
löten	Hölle	Öl	Gewalt	Mantel
Lüge	Fülle	fühlen	Entgelt	Esel
Leier	teilen	Eile	schwillt	Himmel
Leute	heulen	Eule	geölt	Spindel
laufen	faulen	Aula	Kult	Kümmel

Blatt	Glas	platzen	Flasche	Schlag
Blässe	glänzen	plötzlich	fletschen	schlecken
Blitz	Glied	Plombe	fließen	Schlitten
Block	glosen	plump	flott	Schlot
Blut	Glut	Plunder	Flut	Schlummer
Blöcke	Glöckner	Plüsch	Flöhe	Schlösser
Blüte	glühen	plätschern	Flüche	Schlüssel
bleiben	gleiten	plaudern	Fleiß	Schleier
Bläue	gläubig	plänkeln	flau	schleudern
blau	Glaube	Plan	Flaum	schlau

Blei	Klage	Gloria	taumeln	Befehl
Blick	Klinge	Glaube	stammeln	hohl
blank	Kleid	Glanz	baumeln	steil
blähen	Kluft	glitzern	bummeln	Tal
blasen	klimmen	glimmen	himmeln	viel
bloß	Klang	glommen	wimmeln	Saal
blind	Klavier	Gletscher	tummeln	Pfuhl
blöde	klettern	Glück	räkeln	Keil
blinken	klirren	Gleichnis	ekeln	faul
Bluse	Kleister	Gloggnitz	mäkeln	Mehl

Besonderheiten

Zwischen End-l und Anfangs-l darf nicht abgesetzt werden:

voll Liebe	Übel leiden
voll Leiden	Prügel liefern
Kabel legen	voll Lust

Die folgende Übung wird langsam begonnen und nach und nach im Tempo gesteigert:

ala ala ala ala ala lalalalalalalalalala lilililililililililili	durch alle Vokale, für schwerfällige Zungen besonders zu empfehlen

Lohende Flammen strahlen hell lodernd ins Land,
leuchten hinab in glühendem Glanz ins neblige Tal,
des Unglücks höllische Qual, schmähliches Leid entschwand,
wie von leisen Engelslippen erschallt das Lied vom erlösenden Gral,
und Glocken klingen begleitend im luftdurchfluteten All,
und heimlich lockt das frohlockende Läuten klangvollen Widerhall.
Und lauter und immer lauter wird das helle Läuten und Klingen,
und leidbefreite Leute lachen und singen:
Gloria, Gloria! Wir leben in Glück und Glanz,
endlich erglühte des Lebens heiliger Kranz,
im Lenz liegt das Land im blütenglänzenden Kleid
und das Licht der Liebe flammt auf in lustvoller Herrlichkeit!

Leben liegt zwischen Lachen und Leiden,
und die Glocken frohlocken und klagen,
nach Glück und Glanz kommt das Lassen und Meiden,
zwischen Hölle und Himmel gilt's, sich zu schlagen.
Im Kelch des Lebens quellen Lust und Qual:
Leidlose Seligkeit glüht nur im Gral!

(F. Steil)

Durch Feld und Buchenhallen,
bald singend und bald fröhlich still,
recht lustig sei vor allem,
wer's reisen wählen will.

(J. Frhr. v. Eichendorff)

Herr Löffel sprach zur Gabel:
Frau Gabel halt den Schnabel,
du bist ja nur aus Stahl.

(Ch. Morgenstern)

Übungssätze

Ihr sollt den Sold zahlen. Im Walde wallten dichte Nebel. Lohende Flammen leuchteten im Dunkel. Blaue Blumen, Klematis genannt, glitten der Kleinen aus den Händen. Ich will dir die Hilfe vergelten. Sie vergällten uns alle Lust und Laune. Wir hatten die Wahl, den Wall zu halten oder ihn fallen zu lassen. Fahl fallen die Blätter, das Laub gilbt dunkel. Munkelnd und flunkernd entschliefen die Kleinen. Iller und Lech fließen zur Donau. Wilde Wiesel flitzen durchs Laub. Alle glatten Aale glitten in die Falle. Stahlgraue Kübel stehen im Stall. Stehlende Leute stellten die vielen Fallen. Ich wollte, dass Wolken den glühenden Himmel verhängten. Klimm durch die unheimliche Klamm, auf dem Gipfel wird dir der Lohn! Wolle das Wohl deiner Lieben! Deine Lippen lachten leider ohne Lieblichkeit. Das Schelten der Alten gellt aus dem Stall. Die Soldaten schellten die Leute aus dem Schlaf. Die Mägde schalten und walten. Die Glocken schallten. Die Dünste wallten. Viele folgen den Fliehenden flussaufwärts. Flatternde Falter füllen die Luft. Fahl fällt die Dämmerung über das Feld. Der fliehende Flamingo fliegt flussabwärts. Nach kläglichem Jaulen schlief der kleine Hund endlich ein. Freundlich bellend lief er Klemens entgegen. Laura hielt des Mantels Schleppe. Holdselig lächelnd lief sie an allen vorbei, die Allee entlang. Schrill schallte das gellende Lachen durch den Saal.

r

Es ist für jeden Lernenden, der sich die Hochsprache aneignen will, wichtig, das Zungenspitzen-r anzuwenden. Darin stimmen alle maßgeblichen Sprecherzieher überein. In der letzten Zeit wird allerdings eine gewisse Toleranz gegenüber dem Gaumen- oder Zäpfchen-r geübt, das diejenigen, die das Zungenspitzen-r nicht beherrschen, als Ersatzlaut sprechen. Selbst wenn das allenfalls zu billigen ist, das Rachen-r (Kachte statt Karte, Wechte statt Werte etc.) ist *unbedingt* abzulehnen.
Wie wird nun das Zungenspitzen-r gebildet? Die Zungenspitze wird dünn hinter die oberen Schneidezähne geführt, wo sie aber nicht ruhig verharrt, sondern mittels des durchziehenden Luftstromes in Vibration versetzt wird.

Es gibt freilich auch gute Sprecher ohne Zungen-r. Die restlose Beherrschung des Zungen-r macht den guten Sprecher nicht aus. Das ideale r macht weder den idealen Sprecher, noch das Zäpfchen-r den schlechten Sprecher. Aber der ideale Sprecher beherrscht fast immer das Zungen-r und zwar in allen seinen Feinheiten. Der gute Sprecher tut das, was wichtig ist: Er variiert das r. Er rollt nicht nur drauflos, wo ein r steht. Er deutet es oft nur an. Er scheut sich auch gar nicht, wenn es ihm richtig erscheint, ein Zäpfchen-r zu sprechen, das er selbstverständlich neben dem Zungen-r beherrscht.

Der Schüler muss natürlich selbst davon überzeugt sein, dass es sich lohnt, das Zungen-r zu erarbeiten. Nur lange und ausdauernde Arbeit führt hier zum Erfolg. Der Lehrer kann die Mittel zeigen, der Schüler muss probieren und versuchen und darf nicht gleich die Flinte ins Korn werfen, wenn sich nach einer Woche noch kein Erfolg zeigt.

Auch darf er sich nicht dadurch in seinem Eifer hemmen lassen, dass er zunächst ein schwerfälliges r im wahrsten Sinne des Wortes „rollt“. Um diese Klippe kommt keiner herum, der dem Gaumen-r absagt.

Die „Talma-Übung", so benannt nach dem berühmten französischen Schauspieler François Joseph *Talma* (1763–1826): Zuerst langsam, dann bei immer schneller werdendem Sprechtempo t-d, t-d, t-d, t-d, tonlos mit Nachdruck auf dem t. Dann versuchen wir das französische Wort „travail" zu sprechen und zwar mit folgender vorbereitender Übung: Wir sprechen 7- bis 9-mal dé-tavail, um schließlich rasch das r einzuschieben. Also:

dé-tavail, dé-tavail, dé-tavail – – – – – – travail.

Ernst von *Possart* (1841–1921) löste das „Trillergeräusch" des r in seine Bestandteile auf und kam zu dem Schluss, dass es auf dem Weg über d und l erzeugt werden kann. Lippen lose aufeinander legen wie zum m, Zähne nicht zusammenbeißen, Zungenspitze heben und langsam sprechen: düdl düdl düdl usw. Es ist dem Arbeitenden überlassen, das Sprechtempo zu steigern, wie es ihm beliebt. Wenn wir zuerst das ü piano gesprochen haben, lassen wir es im Lauf der Übung tonlos werden. Je elastischer und biegsamer die Zungenspitze wird, umso eher scheidet sich das ü selbst aus und es bleibt dldldldldl. Nun ergibt sich allmählich das wetzende drldrldrldrl, wobei dieses r aber noch keineswegs ein r in unserem Sinne ist. Die Zungenspitze artikuliert, nicht das Zäpfchen. Endlich fällt das l und es bleibt dr dr dr, vorläufig immer noch unrein, mit einem Rauschgeräusch vermischt. Wenn wir so weit sind, wird der Versuch des Vokalanschlusses gemacht: ddro–drro–drru–drru–drrä–drrä, später erst drra und als letzte Vokale drre-drri, weil bei e und i sich der Zungenrücken in die Nähe des vorderen Gaumens hebt.

droben	drüber	trübe	tragen	trete	traben
drunten	dröhnen	trösten	träge	trinken	Traufe
Rosen	Rübe	Rüge	ragen	retten	Raben
ruhen	Röte	rösten	Räder	Riemen	raufen

Nach Ferdinand *Steil* beginnen wir mit den Konsonanten t d n l und dann in umgekehrter Reihenfolge l n d t, 7- bis 9-mal. Dann machen wir die Übung l d t und t d l und wenden uns nach dieser Vorbereitung der „Talma-Übung" zu. Sollte sich der Erfolg nach mehrmaligem Üben nicht einstellen, dann vergegenwärtigen wir uns wieder den genauen Sitz der Konsonanten l d t und üben folgendermaßen: l-dre, t-dre und dann noch l-dr, t-dr wieder jedesmal etwa 9-mal. Wir versuchen abermals das r anzuhängen, auch wenn es zuerst nur mangelhaft zu Stande kommt.

Wenn das r noch immer nicht gelingt, dann kommt noch ein Versuch. Wir gehen wieder von der Bildungsstelle der Laute l und d aus und üben: de-dlingen–de-dlingen (7- bis 9-mal), dann versuchen wir das Zungen-r hineinzuschmuggeln: dringen. In der gleichen Weise üben wir:

de-dlängen, de-dlängen – – – – – – drängen,
de-dlei, de-dlei – – – – – – – – – drei,
de-dlüben, de-dlüben – – – – – – drüben,
de-dlohen, de-dlohen – – – – – – drohen,
de-dlangen, de-dlangen – – – – – – drangen usw.

Während die bisher angeführten Methoden das r mit Hilfe von andern Zungenspitzenlauten zu gewinnen suchen, bereitet Julius *Hey* die für das Zungen-r notwendige Vibration der freischwebenden Zungenspitze durch einen in der Mittellage auf dem Normalton des betreffenden Schülers gesungenen Ton vor:

aaa-rrrt äää-rrrt äää-rrr aaa-rrr-e trrr ä trrr a usw.

Das r wird herausgeworfen, -gestoßen, -getrieben – hin in die vordere Position. Der Vokal bereitet immer den Vorstoß des r vor. Wir zielen sozusagen mit dem Vokal nach der richtigen r-Position.

Manche empfehlen auch den Ausgang vom Lippen-r, das ist ein Laut, den wir hervorbringen, um das Empfinden der Kälte auszudrücken und bei dem die Lippen vibrieren. Man schiebt dabei die Zungenspitze zwischen die Lippen, zieht sie dann langsam zurück und sucht die Schwingungen der Lippen auf die Zungenspitze zu übertragen.

Wer Gelegenheit hat, ein Ambulatorium für Sprach- und Stimmstörungen aufzusuchen, kann das r auch mit Hilfe der Vibrationsmassage des Mundbodens erlernen.

Aus den dargestellten Methoden ist zu ersehen, dass viele Wege zum Ziel führen – vorausgesetzt, dass der Lernende es sich angelegen sein lässt und wirklich arbeitet. Einzelne Versuche führen zu nichts. Allen Übungen eignet die gleiche Tendenz, alle Übungen fordern Ausdauer. Solange das Zungen-r noch nicht sitzt, d.h. solange es nicht in Fleisch und Blut übergegangen ist, ist dieser Erfolg nur zu erhoffen, wenn die Übungen an einzelnen Worten und an Satzgebilden übertrieben exakt gemacht werden. Übertreiben heißt in diesem Falle: das r rollen. Ist der Lernende schon berufstätig, so ergibt sich hier eine Schwierigkeit; das stark gerollte r wirkt unnatürlich, ja lächerlich. Er muss also vorübergehend in der Praxis noch beim Zäpfchen-r bleiben, bis er das Zungen-r mühelos und unauffällig beherrscht. Doch ist dies eine Ausnahme; im Allgemeinen muss immer wieder gesagt werden, dass aller Unterricht und alle Übungen ohne große Wirkung bleiben, wenn der Lernende nicht auch im Privatleben auf eine korrekte Aussprache hinzielt.

Das r

Übungen

Rabe	Drang	tragen	brav	Pranger
Rede	drängen	trennen	Brett	Presse
Riese	drinnen	triefen	Brief	Prinz
Rolle	droben	Thron	Brot	Probe
Rute	drunten	Truhe	Brust	prusten
Röte	dröhnen	trösten	Brösel	Pröbste
Rübe	drüben	trübe	Brüder	prüde
Reise	dreißig	treiben	Brei	Preis
Räuber	dräuen	Treue	Bräute	prassen
Raute	drauf	traurig	Braut	prellen

Frage	Gras	Kragen	Schrecken
Frevel	Grenze	Krepp	Schrank
Friede	Grieß	Krieg	Schritt
fromm	grob	Krone	Schrei
Frucht	Grube	Krug	schroff
fröhlich	gröhlen	krönen	Schrulle
Frühling	Gründe	Krüge	Schrot
frei	Greis	Kreide	schröpfen
Frau	Gräuel	kräuseln	Schründe
Freude	grau	Kraut	Schraube

Besonderheiten

Nicht gerolltes (mildes) r:		Gerolltes r:	
Spur	feiern	hart	harren
Heer	leiern	Herz	Herr
wir	Gauner	Wirt	Wirren
dir	Kindern	dürr	gurren
Chor	zittern	Narr	dorren
für	Müttern	fertig	plärren
Uhr	wettern	irr	surren

Es muss unbedingt vermieden werden, das r in ein a zu verwandeln beziehungsweise durch ein a zu ersetzen:

durch	nicht	duach	Schwert	nicht	Schweat
Furcht	"	Fuacht	fährt	"	fäat
Erde	"	Eade	Herde	"	Heade
Kirche	"	Kiache	Herz	"	Heaz
wirklich	"	wiaklich	Bürde	"	Büade

Zwischen dem r am Ende einer Silbe und am Anfang der darauffolgenden darf nicht abgesetzt werden:

herrichten	erregen	ein paar Räuber	der Ritter
herreichen	überreichen	ihr Ross	fahr ruhig
herrudern	Überraschung	zwar reichlich	spar richtig
herrollen	Heerrufer	vier Räder	aller Ruhm

Wir haben getragen mit Trauer und Trotz vom feindlichen Tross,
nun rühren wir trutzig die Trommeln und springen rasch aufs Ross,
die Pfeifen, sie trillern: Die Trübsal, der trostlos-trügende Trug,
sie sollen sich trippelnd trollen – heiho! wir treffen sie klug.
Wir haben geträumt im Stillen den tröstlichen, traulichen Traum,
von der sonnetrinkenden Eiche, dem adlertragenden Baum;
der heilige Trieb zur Heimat trägt siegtrunken zur Trift uns hinan,
drum treten wir Treuen mit trefflichem, trostvollem Sturmwort an!
Nun vorwärts, ihr Reiter, im Volltrab mit frommem Trum-Trum und Trara!
Die Trompeten und Tromben, sie blasen: Des Reiches Trutztruppen sind da!

(F. Steil)

Errätst du der Raben Geraun?
Rache raten sie mir.
(R. Wagner)

... Balken krachen,
Pfosten stürzen, Fenster klirren,
Kinder jammern, Mütter irren,
Tiere wimmern unter Trümmern;
Alles rennet, rettet, flüchtet ...
(F. Schiller)

Da gingen die Recken zur Richtstatt,
da der Ratende saß, der Scharen Schirmherr.
(Heliand)

Am nördlichen Rand der nährenden Erde,
unter des Urbaums äußerster Wurzel
gingen zur Ruhe Gespenster und Zwerge.
(Edda)

Ein braver Reiter und ein rechter Regen kommen überall gelegen.
(J. W. Goethe)

Übungssätze

Arme Ritter mit ihren Reisigen reiten durchs riesige Reich. Trommler traben, Unruhe verbreitend, durchtrieben lachend, hierhin und dorthin. Der Traum ist ausgeträumt, die raue Wirklichkeit tritt heran. Die vier Treiber trieben die brünstigen Hirsche durch das Tor. Drohende Rufe drangen von drüben herüber. Der Herr griff, sich tapfer wehrend, zum Gewehr. Fernher rollte des Donners Grollen und brach sich brausend am Berg. Orgelbrausen dröhnte vom Kirchenchor. „Freiheit, Freiheit“, brüllte die verwegene Horde. Verbrecherische Burschen raubten den redlichen Bauern die Trauben vom Rebstock. Der trillernde Lerchenruf drang hernieder. Trunken torkelten drei Deserteure durch das

Gartentor des Wirtshauses. Immer größerer Lärm machte die Frauen unruhig und nervös. Schreckliche Traumbilder verstörten seinen armen Verstand. Verlotterte Burschen trieben mit der Armen ihre albernen Scherze. Der Regen strömte ohne Unterlass über die schiefergedeckten Dächer. Traurig trabte der treue Tiras hinter seinem kranken Herrn einher. Die Bauerndirne verträumt und vertrödelt die kostbare Arbeitszeit. Widrige graue Kröten stören mir die Freude an dem Spaziergang. Der Verstorbene hinterlässt drei reiche Erben. Die Mutter rannte erschrocken herbei. Er trug drei Schrammen davon. Ringelnattern rascheln durchs rauschende Gras. Der Rechtsspruch befriedigt das murrende Volk. Der rasende Sturm wirft das Wrack in die Brandung. Sie traf Grete im Krug „Zum grünen Kranze“. Regensburg erlangte eine traurige Berühmtheit durch ein Drama. Nero war einer der grausamsten römischen Kaiser. Er trug einen traurigen Ruhm. Er hielt einen kostbaren grünen Smaragd vor seine kurzsichtigen Augen. Richard ist ein trotziger kleiner Tropf. „Troilus und Cressida“ heißt ein Drama von Shakespeare. „Die Räuber“ heißt ein Jugendwerk Friedrich von Schillers. „Maria Stuart“ und die „Jungfrau von Orleans“ gehören zu seinen berühmtesten Dramen. Die Tragödie spielt sich unter der berstenden Erde ab. Die Bergarbeiter rannten beim ersten donnernden Rollen davon. Rieseln und Rascheln in dem zertrümmerten Gemäuer erschreckte die Kinder. Schreiend erschreckten sie erwachsene Burschen, die hilferufend über die Straße sprangen. Sprachlos starrte er den grinsenden, treulosen Kerl an. Er erriet den triftigen Grund nicht. Krachend barst die gesprengte Ruine. Die Ruderer ruderten mit allerletzter Kraft. Die Krone krönt einen Würdigen. Er rechnet rastlos. Der Mäher schritt durch das trockene, dürre Riedgras. Der Verwundete verließ das Krankenhaus. Die Räder schnurren und surren wie riesige Uhrwerke. Die Krähen fliegen heiser krächzend über die abgeernteten Felder. Der vergangene Winter herrschte mit unbarmherziger Strenge. Keiner verfügt über ausreichendes Brennmaterial. Zitternd vor Frost krochen die Armen in der Herberge unter. Die wärmenden Sonnenstrahlen wurden mit Jubel begrüßt und als Retter gepriesen. Preis sei den gerechten Herrschern! Prahler ernten geringen Ruhm. Die Sprechkultur dieses berühmten Redners ist gering. Die Kraft seines Temperaments erschütterte seine Hörer im Innersten. Gerade und aufrecht schritt er durch die Reihen. Der Würgegriff des Verbrechers erdrosselte den Armen. Der grelle Schrei des Sprechchores durchdrang und übertönte das Orchester.

f – pf – v – w – ph

Die Laute f und w werden mit den oberen Schneidezähnen und der Unterlippe gebildet, indem wir diese gegen die Oberzähne drücken und die Luft zwischen beiden hindurchstreichen lassen. Die Luftzufuhr ist bei f reichlich und kraftvoll, bei w sanft und sparsam.
Übertriebenes Blasen bei der Bildung des f-Lautes ist ebenso fehlerhaft wie eine zu wenig kraftvolle Artikulation, die durch Vernachlässigung der Lippenbewegung entsteht. In der Konsonantenverbindung pf gehen p und f eine besonders innige Verbindung ein. Die Artikulation muss energisch sein.
Bei w ist ein übertrieben starker Stimmton zu vermeiden, ebenso ein sich dem b annäherndes w.
In früh eingedeutschten Fremdwörtern wird v als stimmloses f gesprochen. In jüngeren Fremdwörtern wird v sowohl anlautend wie inlautend als w gesprochen. Im Auslaut wird v als f gesprochen. Folgt dem v ein Vokal, ist die Aussprache w Ausnahme: z. B. Nerv – Nerven. Ph ist als f zu sprechen.

w – f –pf

Übungen

Wall – Fall – Pfahl
Wade – fade – Pfade
Wand – fand – Pfand
wund – Fund – Pfund
Weile – Feile – Pfeile
Worte – forte – Pforte
Werte – Fährte – Pferde
Walze – Falz – Pfalz
Ware – fahre – Pfarre
Wanne – Fahne – Pfanne
wühle – fühle – Pfühle

flicht – Pflicht
Flaum – Pflaume
Flegel – pflegen
Flocke – Pflock
fliegen – pflücken
Flug – Pflug
strafen – stampfen
liefen – impfen
Affen – dampfen
Ofen – klopfen
riefen – rümpfen

Schlaf	– schlaff	Hanf			Kampf
schief	– Schiff	Senf	Saft	Fracht	Schimpf
Schaf	– Schaff	sanft	Heft	Fressen	Rumpf
Ofen	– offen	Vernunft	Gift	Frucht	Dampf
strafen	– straffen	Frost	gafft	Freiheit	Trumpf

Apfel	klopft	hüpfst	drauf	Hilfe
Schnepfe	dämpft	pfropfst	Reife	Seife
Gipfel	klopfst	auf	Taufe	Stufe

Besonderheiten

Strafverfahren	– starferfahren	– straffer fahren
schieffliegend	– schiefliegend	– Schiff liegend
Hoffart	– Hoffahrt	
schlaffordernd	– schlaff fordernd	
Schlaf ordern	– schlaff ordern	
aufliegen	– auffliegen	
auf Order	– auffordern	
auffallen	– auf allen	
aufragen	– auf Fragen	

Artikuliere deutlich:

greif weiter	auf waldiger Höhe
hoff wieder	auf wendigem Pferde
lauf weg	auf welchem Gebiet
auf wen	auf widrige Weise
auf wann	auf Wiesengrund
aufwärts	auf weißen Wolken

Herzensfrieden allein bringt Erfolg und Freuden die Fülle;
folge den Füßen des Freundes, der das Wort schuf: Dein ist der Wille!
Jedes Gefühl von Verfolgung und Fürchten bleibt fremd dir und fern;
furchtlose Freiheit und frommer Frohmut führt dich zum Vater und Herrn!

Im Walde, da waltet ein altes, ein weihvolles Wotanswort,
da wachsen die wuchtigen Weißbuchen so wohlig und weltfern fort,
da werden weitragende Eichen von Walhalls Helden erwählt,
dort wird von dem Wohl der Welt und ihrem Wehe erzählt,

da wird in dir ein wildes, ein wonniges Wagen geweckt,
weil wunderbare Weisen deinen Willen hervorgeschreckt,
da wacht aus Wonnetagen, aus glückwebender Wunderzeit
viel Wehmut auf, und dein Herze wird plötzlich weise und weit.

Es knallten laut die Pfröpfe,
rot waren viele Köpfe,
es sah dem langen Tropf
aus dem Haubenzipfel ein Zopf.
Ein Zecher mit dickem Rumpf,
er stöhnte schwer und dumpf.
Es wurden Pfeifen gestopft
und laut gejohlt, geklopft.
Statt dass ins Bett man schlüpfte,
man lange Tänze hüpfte.
(F. Steil)

Übungssätze

Strafen schaffen manchmal straffere Disziplin. Er rief vom Riff. Schiefgeladene Schiffe lagen im Hafen des Haffs. Der Ofen ist offen. Schlaff sank er in den Schlaf. Das Strafverfahren beginnt. Du musst straffer fahren. Hoffart ist eine abscheuliche Eigenschaft. Wenn ihr zu Hof fahrt, nehmt mich mit. Der tätige Mensch muss schaffen. Das Schaf fand seinen Weg. Schiefliegend gewann er den Preis. Schiefliegend erwachte er. Der Stoff fand Beifall. Hoffe auf Hilfe! Schlaff flattert das Segel. Ich fand auf dem Hof Eier. Die Hoffeier dauerte lange. Die Sache wird auffliegen. Der Kranke wird sich aufliegen. Du griffest zu. Das Messer ist grifffest. Das Feuer wird aufflackern. Man muss das Land aufackern. Auf Order des Obersten wurde angegriffen. Er schickte ihr eine Aufforderung.

Viele Füllen wühlten im Heu. Flüchtend warf er das Vlies in die Wogen. Philipp fährt mit seinem Boot vor dem Wind. Der wendige Fahrer findet den Weg. Vierzig Flieger fliegen nach Wien. Haschen und Fangen rötet die Wangen. Wir finden keinen Gefallen an der falschen Welt. Der Vetter kommt bei jedem Wetter. Verfolgt den frechen Verbrecher. Sie findet windiges Wetter wonnig. Der Mann füttert den Wal. Der Löwe wittert seinen Feind. Der Affe wandte dem Kaffer den Rücken.

Die Finanzen werden wieder geordnet. Abwärts fahrend fiel er zu Boden. Der Stoff in der Nähe des Ofens wurde versengt. Er bezahlte die Funde mit mancher Wunde. Walter fängt viele Falter. Eine gute Fee linderte dieses Weh. Der Wall wird fallen. Suche ein Weilchen, du findest Veilchen. In seinem vermessenen Wahn schwingt er die Fahne. Die Abfahrt war wundervoll. Stephan nennt sich zuweilen Steffen. Der junge Färber ist ein unguter Werber.
Sie flicht pflichtgemäß den Kranz. Trotz seiner Wunde schleppt er den viele Pfunde schweren Fund. Er feilte eine Weile an dem Pfeile. Er brachte die wertvollen Pferde zu der Fähre. Das Kind wurde gestraft, weil es eigensinnig mit dem Fuß aufstampfte. Er fand, dass das Stück Leinwand als Pfand genügte. Die Schneeflocken deckten den Pflock. Der Alte klopfte am Ofen seine Pfeife aus. Sie finden, die Pfründe sei zu gering. Fahre mit der Ware in die Pfalz. Der Flaschenpfropfen flog zum Fenster. Der Bauer am Pflug kam in Schweiß, und das schwere Pferd dampfte.

v und ph in Fremdwörtern

v = f	v = f
Vers	brav
Vesper	Stativ
Veilchen	Dativ
Vogt	aktiv

v = w	v = w
Vasall	Sklave
Venus	Aktivum
Villa	nervös
Violine	bravo

also: Motiv (f) – Motivierung (w)

ph = f	
Phonetik	Phalanx
Pharao	Pharisäer
Philipp	Philosophie
Sphinx	Physik
Phönix	Phosphor

s – z

Wir unterscheiden zwischen stimmhaftem und stimmlosem s, d.h. zwischen einem s, bei dem die Stimmlippen schwingen und einem anderen, bei dem dies nicht der Fall ist; doch darf die Stimmhaftigkeit nicht übertrieben werden. Stimmhaft ist das s im Anlaut vor Vokalen (auch nach Vorsilben) und im Inlaut zwischen Vokalen, sowie zwischen r, l, m, n einerseits und einem Vokal andererseits. In allen anderen Fällen, insbesondere im Auslaut, wird das s stimmlos gesprochen; ss und ß sind immer stimmlos.

Die Zungenspitze erhebt sich gegen die oberen Schneidezähne, ohne aber diese selbst zu berühren. Die Zunge bildet beim s eine Rinne, durch die die Luft gegen die Schneidezähne entweicht.

Fehlerhafte s-Bildung kann auf verschiedene Weise entstehen. Es kann die Zunge zu fest an die Oberzähne gepresst werden, oder sie kann zwischen den Zähnen hervorgestreckt werden, es kann die Luft seitlich entweichen oder die Rinnenbildung zu tief sein, wodurch ein pfeifendes s entsteht.

Das z ist eine Lautverbindung von gelindem (nicht hartem) t und s. Bei der Bildung des z ist besonders darauf zu achten, dass die Oberlippe die Zähne freigibt und vor o und u die Rundung der Lippen zu diesen Lauten exakt durchgeführt wird.

Übungen

Stimmhaftes s:	si – se – sa – sei – so – seu – sau – so – sö – sü – su
	isi – ese – asa – eisei – oso – usw.
stimmloses s:	is – es – as – eis – os – eus – aus – os – ös – üs – us
	ins – ens – ans – eins – ons – usw.
	st! bst! st! bst!
	ist – est – ast – eist – ost – usw.
	issi – esse – assa – eissei – osso – usw.
	inst – enst – anst – einst – onst – usw.
	iz – ez – az – eiz – oz – usw.

s und z

stimmhaftes s:		stimmloses s:	
Saat	– Base	Hast	– Hass
Segen	– Esel	es	– Messer
Sieg	– Wiese	Iltis	– hissen
Sohn	– Rose	Ostern	– Gosse
Sud	– Bluse	Lust	– Fluss
Söhne	– Öse	nervös	– größer
Süden	– Düse	wüst	– wüsste

Seide	–	Eisen	Eis	–	heißen
Säule	–	Mäuse	Häuschen	–	äußern
Saum	–	hausen	Maus	–	draußen

		stimmhaftes s:		
Zahl	Satz	sagen	–	zagen
Zelle	Ketzer	Sehne	–	Zähne
Ziel	Witz	Sinn	–	Zinn
Zobel	Klotz	Sonne	–	Zone
Zug	Putz	Sucht	–	Zucht
zögern	Götze	Söller	–	Zöllner
zünden	Pfütze	Sünder	–	Zünder
Zeiger	Geiz	Seile	–	Zeile
Zeuge	Kreuz	säumen	–	zäumen
Zauber	Kauz	sauber	–	Zauber

stimmhaftes s:		stimmloses s:	stimmloses s:			
Hasen	–	hassen	Hals	–	Salz	wetzte
äsen	–	essen	Fels	–	Pelz	hetzte
Riese	–	Risse	will's	–	Pilz	stürzte
Rose	–	Rosse	hol's	–	Holz	ergötzte
Muse	–	Muster	mal's	–	Malz	herzte
Gemüse	–	müssen	Gans	–	Kranz	trotzte
Geisel	–	Geißel	uns	–	Unze	kürzte
reisen	–	reißen	eins	–	einzig	verletzte

stimmhaftes s:	stimmloses s:		zw:	
gehorsam	Gast	einst	Zweck	Zwiebel
langsam	Obst	kennst	Zwei	Zwirn
achtsam	Ost	kannst	Zwinger	Zwang
duldsam	Mist	nahmst	zwölf	Zwetschke
sittsam	Mast	schwammst	zwanzig	Zwerg
furchtsam	Trost	rinnst	Zwingli	Zwilling
seltsam	heißt	denkst	Zwist	Zweifel

stimmhaftes s:

Ferse	Hülse	emsig	winseln	Umsicht
Linse	Else	Bremse	Binsen	Vorsehung
Börse	also	Amsel	hänseln	Versicherung

Besonderheiten

Unterscheide das stimmlose und das stimmhafte s:

Fels – Felsen		Vers – Verse
Hals – Hälse		uns – unser
Gans – Gänse		eins – Einser

Sorgfältig zu artikulieren:

aus Zeug	aus Zwang	aus Zwirn	das Szepter	als Skandal
aus Zufall	als Zweck	als Zweifel	als Szene	des Skorpions
aus Zeitmangel	als zwei	als zwischen	aus Szythien	des Sklaven

Folgt auf die Vorsilbe ent- ein s, so darf dieses nicht mit dem t zu z verschmolzen werden. Das s ist in diesem Falle mäßig stimmhaft zu sprechen. Folgt auf die Vorsilbe ent- ein z, so ist darauf zu achten, dass die Artikulationsstellung des t über die Silbengrenze hinweg, d.h. also bis in den Beginn der folgenden Silbe hinein beibehalten wird. Trifft die Vorsilbe aus- mit einem sch zusammen, werden beide Laute deutlich gesprochen. Wenn auf die Vorsilbe aus- ein s folgt, darf zwischen den beiden Lauten nicht abgesetzt werden; das stimmlose auslautende s muss in das stimmhafte des Anlautes übergehen:

entsagen	entzogen	ausscheiden
entsiegeln	Entzücken	ausschreiben
entseelt	entzweien	Ausstellung
entsühnt	entzünden	aussprechen
entsäuern	entzaubern	ausschlagen
ausspähen	Aussehen	rings summt
ausschneiden	aussetzen	Waldessaum
ausschleifen	aussaugen	leis' saust
aus Schlaffheit	Aussicht	nichts so
aus Schurkerei	aussagen	was sagst du

Sorge nicht, suchende Seele, siehe, die segnende Sonne
sendet dir sorgsam und sanft des rieselnden Lichtes Wonne,
sagt dir, dass alles fließt; dass nach allem Sinnen und Sorgen
sicher erstrahlen dir muss aller süßseliger Sehnsucht Morgen!

Das Wasser soll silbern fließen
ins kristallene, helle Glas.
Wir wollen es saugend genießen,
das köstliche, göttliche Nass.
Im heißen Sommerwalde,
da singt so froh der Gesell,
sieht er nach sonniger Halde
den rieselnden Silberquell!
(F. Steil)

Da versammelte sich auf ragenden Sitzen
die Sippe der Götter, beratend zu sinnen,
ob sie rächen sollten die ruchlose Sünde
oder alle zusammen Sühngeld nehmen.
(Edda)

Es sauset und brauset das Tamburin,
es prasseln und rasseln die Schellen darin.
(C. Brentano)

Zwischen durch – zwischen ein – zwischen Zweigen, zwischen schwellenden Blüten, schwingen, schlängeln, schlingen wir uns – Schwesterlein – Schwesterlein, schwinge dich im Schimmer – schnell, schnell herauf – herab – Abendsonne schießt Strahlen, zischelt der Abendwind – raschelt der Tau – Blüten singen – rühren wir Zünglein, singen wir mit Blüten und Zweigen – Sterne bald glänzen – müssen herab – zwischen durch, zwischen ein – schlängeln, schlingen, schwingen wir uns, Schwesterlein.

(E. T. A. Hoffmann)

Drum ohne Zögern ziel auf den Reif!
Dich, Zaglosen, zeugt ich mir ja!
Mir zagt, zuckt und zehrt sich das Herz!
(R. Wagner)

In schwarzen Beeren sitzt der Fritze,
der schwarze Vogel in der Mütze.
(W. Busch)

Sie sitzt am Ofen, schnurrt und kratzt
und putzt sich mit der Tatze.
Sie fängt den Spatz mit einem Satz;
sagt, wer das ist: die Katze.
(A. Heuler)

Zögernd kommt die Zukunft hergezogen,
pfeilschnell ist das Jetzt entflogen.
(F. Schiller)

Übungssätze

Die Weisheit dieser Waise ist erstaunlich. Lass sie reisen, wir reißen uns keineswegs um diese seichte Gesellschaft. Singe leise diese süßen Weisen, sie sind Trost für seine verfinsterte Seele. Sage Sybille, sieben Sänger aus dem Süden seien draußen. Hast du diesen unseligen Hass gegen Sigismund aus deinem Herzen herausgerissen? Ich versuche mit Sorgfalt, den Ruß von unsern Sachen wegzuputzen. Es nützt nicht das Geringste, die Muse zwingen zu wollen, sie muss so kommen. Glaubst du, dass der Besiegte den Sieger in das Innerste seines Herzens sehen lässt? Als sein Sohn die Sonne seines Glückes sinken sah, versuchte er sich zu trösten, so gut es ging. Der seltsam ausschauende Mann an der Esse heißt Esau. Sanft streichelte Liese die rosigen Nüstern des Rosses.

Der Jäger schoss den Zwölfender zweimal an. Die Zwillinge erzwangen den Sieg. Die Zwergzypresse zwängt sich durch den Felsen. Zwingli war ein Reformator in der deutschen Schweiz. Zwielichtiges Gesindel trieb sich zwischen den Ruinen herum. Sie schälte zwei Zwiebeln. Wir zweifeln an der erzieherischen Wirkung des Zwanges. Die zwei Jungen aßen zweimal zweiundzwanzig Zwetschken. Der Sturm zupfte und zauste das reizende, zierliche Kind. Er ist ein Popanz und zerplatzt vor Stolz zur Freude dieser witzelnden Zuschauer. Sie zwang sich zur Ruhe und ertrug schmerzverzerrten Gesichtes das böse Gerede. Geh aus dem Saal und bezahle die Zeche. Die Flaggen hissen, hieße zum Streit reizen. Dies riesige Zimmer ist zu wenig geheizt. Der zuckende Blitz zerfetzte die riesige Zypresse. Gib mir ein Glas Wasser mit Zitrone und Zucker. Die Zecher halten schlechte Zucht. Du musst das Boot aus dem Wasser herausziehen und das zusammengefaltete Zelt aufstellen. Der Schatzgräber soll den Schatz zurückgeben. Des Herrschers Stolz ist zu groß. Ziegen mit ihren Kitzchen zogen bergan. Sein beißender Witz zielt auf den zornigen Zauderer. Sie essen ein paar Dutzend große Krebse, ohne zu zaudern. Die Augen blitzten aus dem zorngeröteten Antlitz. Uns gehen zahlreiche Zuschriften zu. Zugweise ziehen krächzende Vögel übers Land. Die Prinzessin zeigt dem Volk ihre Zuneigung. Das Festspiel zog zahlreiche zahlungskräftige Zuschauer ins Land.

Aus Zeitmangel, um den Zug nicht zu versäumen, rannte er zwischen zwei Zügen durch. Mehr aus Zwang als aus Zufall setzte sie sich zu dem Zeugen. Es ist zwecklos, die Szene zu streichen. Auch ohne Szepter war dieser große Schauspieler in den zwei Szenen des Szythen Thoas jeder Zoll ein König. So mancher versetzt seinen Pelz aus dem Schrein, er muss doch zuletzt in den Tanzsaal hinein. Schon glänzt's und glitzert's und gleißt's in dem Saal.

sch

Wir können das sch als einen Rauschlaut bezeichnen. Bei richtiger Artikulation schwebt die Zungenspitze in der Nähe der oberen Zahnwurzeln. Die Zunge bildet eine flache Rille. Die Lippen sind wenig vorgestülpt. Zu vermeiden ist: Zurückrollen der Zungenspitze zur Höhe des Gaumens; starkes Vorstülpen der Lippen; stimmhaftes Artikulieren. Wir artikulieren kurz und energisch.
Sp und st im Anlaut und nach Vorsilben werden als schp und scht gesprochen, im Inlaut und Auslaut dagegen als sp und st.

Übungen

Schaden	Asche	rasch	falsch
schämen	Esche	fesch	feilschen
schieben	Fische	Tisch	knirschen
Scholle	Brosche	Frosch	verharschen
Schuhe	huschen	Tusch	Tratsch
schön	löschen	Busch	Kitsch
Schüler	Rüsche	Fleisch	rutschen
Scheibe	Fleischer	Tausch	deutsch
scheußlich	täuschen	Rausch	Peitsche
schauen	tauschen	Bausch	Ötscher

Schlange	schräg	schmal	Schnalle	Schwalbe
Schläge	Schrift	Schmied	Schnee	schwimmen
schlimm	Schrot	schmollen	Schnitt	Schwung
Schloss	schreiben	Schmutz	schnöde	schwören
Schleuse	Schraube	schmeicheln	schneidig	schweigen

überrascht	Spaten	anspannen	es schwellen
nascht	Splitter	Ansporn	es schwingen
huscht	sprechen	Anstalt	es schweigen
tauscht	Sprosse	Anstellung	es schwätzen
heischt	Spule	anstecken	es schwindeln
rauscht	Stand	Ansturm	es sparen
bauscht	Stelle	Anstand	es sprechen
berauscht	Staub	Ansprache	

dagegen:

Espe	Knospe	husten	Rest
lispeln	Vesper	Nüstern	Fest
Wespe	Mispel	Pfosten	Geist
knuspern	Rispe	rüsten	Most
räuspern	raspeln	Schuster	Trost

Anlautendes sp und st wird in Wörtern fremden Ursprungs, die aber nicht mehr als fremd empfunden werden, nach *Siebs* als schp und scht gesprochen, in den andern Fremdwörtern als sp und st:

Besonderheiten

sp = schp:	sp bleibt sp:	st = scht:	st bleibt st:
Spalier	Spektabilität	Station	stakkato
speziell	Spektrum	Studium	stimulieren
Spital	Spleen (spr. splin)	Strophe	Star (Stern)
Sport		Standarte	stereotyp
Spektakel		Stenografie	Stilett
Spekulation		Stereoskop	

sp = schp oder sp:	st = scht oder st:	
spontan	Statistik	stupid
Respekt	Stanniol	steril
	Statue	Standard
	stabil	Stil

Folgt auf die Vorsilbe ent- eine Stammsilbe mit schl, sp, st, so muss man auf größte Geschmeidigkeit in der Artikulation achten:

entschließen	entschlummern	entstehen
entschleiern	entsprechen	entstammen
entschlüpfen	entspannen	entstören
entschlagen	entspringen	entstellen

Die schlauen Schakale umschlichen die schlafenden Schafe.

Schande und Schmach über euch, ihr Schelme und Schalke,
die ihr schmarotzt und schmeichelnd vor Schranzen scharwenzelt!

Der Pascha schenkte dem Forscher arabische Schimmel samt schönem Geschirr.

(F. Trojan)

Die ihr durch Schönheit herrscht,
schimmernd hehres Geschlecht …

Zerschlag es, dies trotzige Schiff,
des zerschellten Trümmer, verschling's!

(R. Wagner)

Da schossen zuerst sie Eschenstangen,
dass fest in den Schildern schauernd sie starrten.
(Hildebrandslied)

Schwer und schwül hangen tiefschwarze Wolkenschleier
wetterschwanger über dem schweigenden Wald. –
Schwalben schwirren nach Haus'; –
über dem schilfigen Weiher
fliegt eine Schar von Silberschwänen; es schallt
eines Adlers Schrei schreckend in schwindelnder Höhe.
Schaukelnd und wiegend schwebt er in schwarzblauer Luft.
Schrill eine Schleiereule warnt in schattender Nähe,
es schwellen und schwelen Schwaden in dunkelnder Schluft.
(F. Steil)

Übungssätze

Sonnenschein verschönt die Landschaft. Die Spitze des Zuges lässt sich nicht erspähen. Der starke Stamm leistet stolzen Widerstand. Der Schaft dieses schwerfälligen Schwertes ist auf eine schmucke Art beschlagen. Aus dem Zwischenfall mit dem aufständischen Stamm wurde eine Staatsaktion größten Stils gemacht. Der schuldige Bursche führte den schäumenden Schimmel in den Stall. Der Instinkt des Tieres versetzte die Zuschauer in größtes Staunen. Du wirst mit dem schnellen Vorstoß alles verschlechtern, anstatt das schöne Ziel zu erreichen. Rascher Entschluss, bester Entschluss. Die stürmenden Schweden schwangen scharfe Schwerter. Die Wespen stachen den Störenfried. Die berühmteste Kurzschrift ist die Gabelsbergersche Stenografie. Die Kenntnis von Stenografie und Maschinschreiben ist die wichtigste Voraussetzung für diese Stellung. Du fandest den Schlüssel zum Kassenschrank schließlich selbst. Das Zwitschern und Kreischen der Rauchschwalben störte schrecklich. Erschrocken stolperte der stupide Bursche hastig die steinernen Stufen zum Stall hinunter. Sie erschrickt vor den harmlosen Blindschleichen wie vor den gefährlichsten Schlangen. Die Stumme sitzt stundenlang mit ihrer Spindel unter der rauschenden Espe und spinnt. Er wurde durch einen Streifschuss verletzt. Als der Schreckschuss ertönte, befand sich die Knappschaft im Schacht. Der Sturm stürzte den Blitzschutz. Streu die Spreu im Stall!

Die vom Blitz gestreifte Espe wird vom Holzschläger geschlagen. Er haspelt die gesponnene Wolle und raspelt das Holz schön glatt. Das ist eine Statue im griechischen Stil. Schneide einen neuen Stiel für die Pfanne. Die Zuschauer stießen spontan Schreie aus. Wir stehen einer schlitzäugigen, schmächtigen Rasse mit kurz geschorenen Schöpfen gegenüber. Der Tscherkesse trug einen schrecklich schmutzigen Stulphandschuh. Den Studenten wird vom Staat aus das Studium mit Hilfe von Stipendien erleichtert. Er ertrug die schrecklichen Strapazen nur unter dem Einfluss stimulierender, aufpeitschender Mittel. Schreckschuss und Schnappschuss folgten einander Schlag auf Schlag.

h

Das h ist ein Hauchlaut. Es bezeichnet den gehauchten Toneinsatz. Das h ist nur vor vollstimmigen Vokalen zu sprechen, das ist immer im Anlaut eines Wortes oder am Anfang einer voll- oder nebentonigen Silbe.

Übungen

Gehauchter Einsatz:

Hahn	haben	hören
hier	heben	hübsch
Hof	Hiebe	heilen
Huhn	Honig	heulen
Hain	Hund	Haus

Das h vor vollstimmigen Vokalen:

aha	Alkohol	Gehalt	anhauchen
oho	Wilhelm	Gehöft	abhärten
wiehern	Johannes	aufhalten	unhaltbar
Ahorn	Brunhilde	enthüllen	entheben
Uhu	Giselher	erheben	abheilen
Ahasver	rehabilitieren	verhelfen	aufhalten

Stummes h:

nahe	glühen	Bahn	Theater
Ehe	weihen	fehlen	Thron
liehen	wehe	ihn	Mathilde
Lohe	nähern	Ohr	Rhein
ruhig	Lehen	Uhr	Katarrh

Bei Wortzusammensetzungen, in denen das Grundwort mit einem h beginnt, ist darauf zu achten, dass dieses anlautende h deutlich artikuliert wird:

Wachhund	Kirchhof	Klosterhof	nach hinten
Waschhaus	Hofhund	Schafhirt	noch hörbar
Fischhalle	Hochhaus	Leithammel	auch hier
Buschhemd	Kurhaus	Schwachheit	er hat

Ja, heute geht hoch es her: Es harret die hungrige Heerschar
und hämmert mit harter Hand auf den Hochzeitstisch nach dem Paar.
Eine Handfeste erhielt der Held, er erheiratete Hube und Habe;
die Holde hat sich mit Haut und Haar verschrieben als Hochzeitsgabe:
Kein Halm, kein Hafer, kein Huf, kein Hammer gehört mehr ihr,
Gehorchen, Harren und Härmen hat sie nur noch allhier!

Hacke und Haue gehören ins Haus,
auch der Herd; der Hund gehört hinaus,
er hütet die Halle, den Hof und die Hube,
es hallt sein helles Hüten bis in die Stube.
(F. Steil)

Hutsche, hutsche, hutsche!
Horch, da hält die Kutsche!
Her den Hut und her den Stock,
hüpfen schnell wir auf den Bock,
dass wir auch mithutschen!
Hutsche, hutsche, hutsche!
Heute noch um halber neun
müssen wir in Nürnberg sein!
(W. Güll)

ch

Die Artikulationsstelle des ch ist – wie die des g und k – von dem Vokal abhängig, der ihm vorangeht (nur in der Verkleinerungssilbe -chen von dem folgenden Vokal). Der Neigung, das ch zu tief im Hals zu bilden, ist entgegenzuwirken. Das gutturale ch wirkt plump, hart und unschön. Wie bei g und k ist auf ein möglichst weites Vorverlegen der Bildungsstelle des ch hinzuarbeiten. Das hintere ch ist also dem vorderen ch so weit als möglich anzunähern, doch muss dabei vermieden werden, ch als sch zu sprechen: manscher statt mancher.

Übungen

vorderes ch (ich-Laut)

Becher	Recht	Pech	flichtst	China
riechen	Pflicht	mich	reichst	Chinese
Eiche	leicht	weich	riechst	Chemie
Seuche	feucht	euch	keuchst	Chirurg
Löcher	möchtest	Töchter	strichst	Cherusker
Tücher	Gerücht	tüchtig	kriechst	Chiton

Furcht	Arche	Mädchen	Tänzchen
horchen	Furche	Kindchen	Kätzchen
Störche	fürchten	Söhnchen	Schürzchen
durch	Lerche	Hündchen	Kränzchen
Kirche	pferchen	Veilchen	Herzchen
Monarch	Märchen	Mäuschen	Käuzchen

hinteres ch (ach-Laut)

Bach	krachen	Pacht	lachst
noch	wachen	Docht	tauchst
Tuch	kochen	Flucht	fluchst
auch	Kuchen	macht	buchst
Strauch	tauchen	Wucht	kochst
Hauch	achten	faucht	rauchst

ach-Laut:		ich-Laut:	
Sache	–	sicher	Lach hier nicht!
flach	–	flechten	Reich her!
lachen	–	leuchten	Such hier!
Loch	–	Löcher	Komm doch her!
doch	–	dich	Wach hier!
Tochter	–	Töchter	Mach hurtig!
Buch	–	Bücher	Tauch hinunter!
Strauch	–	Sträucher	Ach hilf doch!
Fluch	–	Flüche	Bleib auch hier!

Besonderheiten

Die Verbindung chs wird wie ks (x) gesprochen, wenn das s mit dem ch in allen Formen fest verbunden ist.

chs ist als ks zu sprechen:			chs bleibt chs:
Dachs	Echse	Wechsel	sprichst
Wachs	Füchse	wächst	fluchst
Luchs	wachsen	wächsern	brauchst
Ochs	Lachs	Achse	wachst
sechs	Drechsler	Deichsel	nächst (nächstens)
Fuchs	sächseln	Sachsen	höchst (höchstens)

Luchs, Dachs, Fuchs, Ochs wachten des Nachts.

Hechte und Huchen, Füchse und Dachse, schleichende Luchse wechseln hin, wechseln her, nächtens um spärliche Beute.

Freche Füchse,
schleichende Dachse,
Lurche und Echsen,
an der Deichsel die Ochsen,
nächtlicher Spuk um den ächzenden Knecht.

Nicht jedem Wicht zeig dein Gesicht!
Wer sich erfrecht, dem geht es schlecht!
Nimm dich in Acht, es geht zur Schlacht!
Nun muss er doch hinein ins Joch!
(F. Steil)

Alle die Dingerchen.
Bänderchen, Miederchen,
ihr um die Fingerchen,
ihr um die Gliederchen!
(F. Rückert)

j

Der dem ich-Laut entsprechende stimmhafte Reibelaut ist das j. Spricht man ein j ohne Stimme, so entsteht ein ich-Laut.
Im Deutschen wird das j nur im Anlaut gesprochen. Im Inlaut kommt es außer in einigen Wörtern nichtdeutschen Ursprungs (Major, Boje) nicht vor. Es muss immer deutlich als Reibelaut artikuliert werden.

ja	Jagd	Jacke
jäh	jährlich	Jänner
je	jemand	jetzt
Jod	johlen	Joch
Jux	Jubel	jung
Jause	Jauche	jauchzen

Herr Jakob Jobst wünscht sich seit je
das junge Jettchen just zur Eh.

Ein Jauchzen und Jodeln und Jubeln erschallt,
wenn die Junker und Jäger jagen im Wald.
(F. Trojan)

Jesus ging gen Jericho und verließ die Juden zu Jerusalem; Johannes und jene Jugend, die ihm jauchzend gefolgt, Jünglinge und Jungfrauen, neue Jünger, trugen jeder des Jammers Joch leichter als jemals, denn das Ja-Wort Jesu, das im Jenseits jedem nach allem Glücksjagen Ewigkeitsjahre verhieß, war jetzt ihr bejubelt Juwel!

(F. Steil)

Übungssätze für h – ch – j

Mit fliegenden Haaren jagten die Mädchen durch das Gehölz. Jauchzend und jubelnd trieben die Jungen den Fuchs aus dem Bau. Sie hoben den toten Dachs, der nächst dem Wechsel lag, zu der üppigen Jagdbeute. Des Mädchens wächsernes Gesicht deutete auf ungerechtes Gericht. Du hast diese Woche die Wache. Er nahm das Lehen aus den Händen des Herrn. Der Verbrecher flüchtete über das flache Dach. Er stieg höher und höher, jetzt ist er zunächst dem Thron. Der Hofhund Hassan jaulte jämmerlich. Die Lohe brach mit Wucht aus dem Holzdach. Er jagt im Flachsfeld junge Füchse und Dachse. Der Wuchs der höchsten Tanne ist herrlich. Auf dem Kirchhof und in der Kirche brennen hohe Wachskerzen. Jeremias war ein Prophet. Jason heißt der Held einer griechischen Sage. Dieses ist das weichste Tuch. Die Weichsel ist eine Frucht. Er lebt höchstens noch diese Nacht. Das liebliche Mädchen streichelt das Lämmchen. Das Bübchen hauchte in seine kalten Händchen und versuchte das Käferchen zu erhaschen. Hero jauchzte jubelerfüllt. Die sieben Töchter des Atlas werden Plejaden genannt. Achilles und Ajax waren griechische Heerführer. Achtzehn ächzten, achtzehn jauchzten. Fürchterlich klang der Racheruf. Die johlende Menge stürmte die Bastille. Bologna ist eine italienische Stadt. Er belauscht das Storchenweibchen auf dem Kirchendach. Der wuchtige Alte schmauchte sein Pfeifchen und schaute den silbrigen Fischchen im Bache zu. Der jaulende Junge stieß sich an der nächsten Deichsel. Die Jodler jodelten, das Volk jauchzte, die Mädchen und Burschen juchheten bergwärts und talwärts. Sevilla ist eine Stadt in Spanien. Er vermochte sich vor dem Gericht nicht zu rechtfertigen. Er benahm sich loyal.

b und p

Das b ist ein stimmhafter, das p ein stimmloser Lippenverschlusslaut. Der Lippenverschluss des b löst sich weich, die Spannung der Lippen bei p ist eine stärkere, die Sprengung des Verschlusses infolgedessen härter, sie ist auch mit einer Behauchung verbunden. Während sich die Lippen zum b weich lösen, wird vor der Lippenlösung zum p ein wenig gestoppt, doch ist dabei jede Übertreibung zu vermeiden.
Im Auslaut ist das b immer stimmlos und ist als p zu sprechen. Ein Unterschied in der Aussprache des auslautenden b (bzw. p) nach langem und nach kurzem Vokal (rieb, Geripp) beruht allein auf der Verschiedenheit zwischen der Aussprache nach langem und nach kurzem Vokal. Wenn hier gesagt wird, dass b – und ein Gleiches gilt auch für die Laute d und g – im Anlaut und im Inlaut vor Vokal stimmhaft gesprochen werden soll, so kann doch nicht ausdrücklich genug davor gewarnt werden, die Stimmhaftigkeit zu übertreiben. Ganz unzulässig ist es, zur Erzielung der dem b eigenen Weichheit diesem einen m-ähnlichen Laut vorzusetzen: mbald, mBiene, mBaum; ebenso unrichtig ist: nDiener, ndein, ndu; nggut, ngGold usw.

Übungen

Bass	–	Pass	Blatt	–	platt
backen	–	packen	Blätter	–	Plätte
Becher	–	Pech	Blume	–	plump
Binde	–	Pinte	Blöße	–	plötzlich
Beter	–	Peter	blühen	–	plündern
bohren	–	Pore	Braten	–	Prater
Bude	–	Pute	brechen	–	prächtig
Bube	–	Puppe	Brise	–	Prise
Bein	–	Pein	Brot	–	Protz
Büffel	–	Püffe	breit	–	Preis

gab	gabt	–	gabst	–	tappt	–	tappst
stob	stobt	–	stobst	–	stoppt	–	stoppst
Trab	trabt	–	trabst	–	kappt	–	kappst
lieb'	liebt	–	liebst	–	kippt	–	kippst
lob'	lobt	–	lobst	–	foppt	–	foppst
üb'	übt	–	übst	–	stülpt	–	stülpst
lab'	labt	–	labst	–	schnappt	–	schnappst
leb'	lebt	–	lebst	–	steppt	–	steppst

			(lang)		(kurz)	(kurz)
laben	–	Lappen	Grab	–	Krapp	ab
Rabe	–	Rappe	rieb	–	Geripp	ob
Stäbe	–	Steppe	hob	–	topp	Krepp
Gebäck	–	Gepäck	Bub	–	Trupp	knapp
Liebe	–	Lippe	stob	–	stopp	Galopp
Grube	–	Gruppe	grob			

Beim Zusammentreffen von Verschlusslauten im Auslaut mit gleichartigen im Anlaut der folgenden Silbe oder des folgenden Wortes ist die Verschlussstellung für die Gesamtdauer der beiden Laute beizubehalten. Ist der anlautende Konsonant stimmhaft, so setzt der Stimmton zu Beginn der zweiten Silbe ein. Diese Regel gilt für alle Verschlusslaute (b, p, d, t, g, k).
Die Artikulation von solchen zusammenstoßenden Konsonanten bereitet dem Anfänger oft einige Schwierigkeit.

abblasen – ablassen		ob bald
abbrechen – abrechnen		ob Blumen
abbringen – abringen		ob Peter
abbraten – abraten		ab Paris
abplagen – Ablage		ab Bremen
abbinden		
abbitten		

O nimm dir ein Beispiel am blühenden Baum,
er bebt nicht und bangt nicht im Blütentraum;
er bettelt und bittet nicht um sein Brot,
er befolgt nur des Lebens belebend Gebot.
Vom Boden nimmt er für den begnadeten Bau
die beglückende Kraft und hebt auf ins Blau
die Zweige weitbreitend in belichtete Luft,
wird beschenkt und betreut vom betauenden Duft,
wird aufs Beste bedacht vom Besorger des Seins,
und was er bedarf, ihn beseelt nur eins:
Beharrlich am Boden zu stehn liebessatt
und beglückt sich bewimpeln mit Blüte und Blatt.

Was pocht ihr, Polterer, am großen Portal?
Packt euch, Gepanzerte, über den Pass,
Partisanen prasseln euch auf den Stahl,
profane Prahler, lasst euren Spaß!
(F. Steil)

Piffpaff heiß ich, Piffpaff rief's mich,
Piffpaff ist mein Beruf.
(C. Brentano)

Schlapp! macht der Fritz aus seiner Kappe
mit Listen eine Vogelklappe.

(W. Busch)

Da ging die Katz, die tripp, die trapp,
da schlug die Tür, die klipp, die klapp.
(Th. Storm)

Bald balgen sich die beiden blonden Buben,
bald bauen prächt'ge Burgen sie beim Bach,
bald baumeln ihre braungebrannten Beine
vom Blätterbau des Birnenbaums herab.

Beim Pirschgang erblickten Berthold, Bruno und Bodo
böse blinzelnde, brummige braune Bären.
(F. Trojan)

Dem zur Hand ich gebe dieses Brot,
der sinnt Böses mir, Bittres in der Brust,
wird in Bande mich liefern, den Feinden befehlen,
und sie binden mich, verspritzen mein Blut.
(Heliand)

Übungssätze

Der prunkliebende Prinz brachte auf seinen Packwagen viel Ballast in seinen prachtvollen Palast. Der Bäcker hatte das Pech, dass der Wagen mit den eingepackten Backwaren zusammenbrach. Brutus prophezeite, dass Primislaus den Lippizaner in prachtvollem Endspurt zum Sieg führen würde. Der baskische Bauer brachte den Bassisten ohne Pass über die Pyrenäen. Peter und Paul brachten die Pritschen in das britische Lager. Der boshafte Bernhard bepinselte das blaubemalte Schreibpult seines Bruders. Der Hauptmann der Partisanen ließ sich einen Bart wachsen. Der brave Bursche erlebt die Pracht des brasilianischen Frühlings zum ersten Mal. Der Benediktinerpater bat für seine Brüder um Pässe. Der Trupp beutegieriger Plünderer zündete den ausgeraubten Palast an und rannte im Galopp den Berg hinunter. Der berühmte Pianist improvisierte mit Vorliebe auf Bösendorfer- und

Blüthner-Flügeln. Paracelsus, Pascal, Petrarca, Plinius sind Namen berühmter Persönlichkeiten. Der Perser, kraftvoll wie ein Berserker, brachte den vollblütigen Berberhengst zum Antraben und dann zum Galopp. Der Büffel erträgt harte Püffe. Das gebrochene Bein verursacht dem kühnen Springer viel Pein. Der Kapitän nahm, auf der Schiffsbrücke stehend, trotz der scharfen Brise sein Prise Tabak. Um keinen Preis war er dazu zu bewegen, das brennende Boot aufzugeben. Das Haus wird abbrennen. Das Pferd wird abrennen. Ab Passau wird die Donau breit. Ob breite Wege oder schmale, das ist nicht wichtig. Frage, ob Blumen zu haben sind! Ob Peter oder Paul sich abplagt, ist gleich. Es war ein großes Abplagen, aber die Kleiderablage steht. Wir haben knapp beide Züge erreicht. Ich muss das Fest abblasen. Man wird ihm das Geständnis abringen und ihn von der Lüge abbringen. Lass dir vom kalten Essen abraten und lasse dir lieber das Fleisch abbraten! Er wird sich um das Lob reißen und Gott lobpreisen. Ruf hinab: Breitet Tücher aus.

d und t

Die Laute d und t sind Zahnlaute, d.h. die Zunge hebt sich bei ihnen an die Zahnschneiden. Der Unterschied zwischen d und t liegt im Folgenden: d ist weich, unbehaucht und, außer im Auslaut, stimmhaft (wenn auch nicht mit allzu starkem Stimmton) zu sprechen; t dagegen ist ein harter, behauchter und stimmloser Zahnlaut.
d und t dürfen im Anlaut nicht wie nd oder nt klingen.
Im Auslaut ist d immer stimmlos und ist als t zu sprechen. Ein Unterschied in der Aussprache des auslautenden d (bzw. p) nach langem und nach kurzem Vokal (Lied, litt) beruht allein auf der Verschiedenheit zwischen der Aussprache nach langem und nach kurzem Vokal.

Übungen

Abwechselnd tonlos den weichen und den härteren Zungenspitze-Zahn-Verschluss lösen; das Tempo ist allmählich zu beschleunigen:

d t d t d t d t d t d t d t d t

deeteedeeteedeeteedeetee eddett eddett eddett eddett	} mit allen Vokalen zu üben

Dahlie – Taler	Draht – trat	baden – baten
dannen – Tanne	drehen – treten	Feder – Väter
der – Teer	drinnen – trinken	Lieder – Liter
dir – Tier	Drohne – Thron	Boden – Boten
Dolde – tollte	drum – Trumpf	Ruder – ruhte
dulden – Tulpe	dröhnen – Tröge	Köder – Köter
dösen – Getöse	drüben – trüb	müde – mühte
dünn – tünchen	drei – treu	Weide – Weite
Deich – Teich	drauf – Traube	leiden – leiten

Handschuh – Freundschaft Feindschaft – Landschaft

Nadel – Natter	Mahd – matt	gefährden – Gefährte
Lade – Latte	Bad – Blatt	Wände – wähnte
Räder – Retter	Lied – litt	werden – wehrten
Mode – Motte	Ried – Ritt	geworden – Worte
Fuder – Futter	Tod – Gott	Behörden – gehörten

Wand – Wände	Rad – Rat	Jagd – er jagt
Sand – sandig	Held – hält	ward – Wort
Feld – Felder	Tod – tot	Mond – es lohnt sich
Gold – vergolden	Hemd – kämmt	Hund – bunt
Huld – dulden	seid – seit	fremd – kämmt

Vor stimmhaft anlautenden Endungen wie -lich, -sam, -nis usw. ist das stimmlose d (und ein Gleiches gilt für die Verschlusslaute b und g) mäßig zu verhärten, aber keineswegs behaucht zu sprechen wie sonst im Auslaut:

endlich	lieblich	Feigling
Schädling	Labsal	folgsam
Rädlein	Knäblein	Krüglein
Bündnis	Betrübnis	Wagnis

Besonderheiten

Wir unterscheiden scharf:

Untier	– und dir	unduldsam	–	und duldsam
unzart	– und zart	unzweideutig	–	und zweideutig
unlieb	– und lieb	unpraktisch	–	und praktisch
ungut	– und gut	unfreundlich	–	und freundlich
unfein	– und fein	unedel	–	und edel

d (t) wird deutlich artikuliert:

und zart	freundlich	vermeintlich	seid ihr
und zwingt	ländlich	stündlich	und ihr
und zeigt	kenntlich	mündlich	lud ihn
und zehrt	handlich	feindlich	sollt' er
und zagt	endlich	kindlich	fällt er

Besondere Übung erfordert das Zusammentreffen von t und d (t), zumal wenn dem t ein s vorangeht:

und der	Jagdtreffen	weißt du
und dir	Fetttopf	willst du
und dann	Schrifttum	magst du
und teile	Pflichttreue	lügst du
und treffen	Bettdecke	schliefst du

In der folgenden Übung ist auf die genaue Unterscheidung der Laute d und t sowie auf die Betonung zu achten. *Nur* die Stammsilbe hat den Akzent. End- und Vorsilben sind schwach.

landenden	– gelandeten	versandenden	– versandeten
ködernden	– geköderten	entkräftenden	– entkräfteten
vergötternden	– vergötterten	lastenden	– belasteten
zersplitternden	– zersplitterten	rettenden	– geretteten
mordenden	– gemordeten	flüchtenden	– geflüchteten
leitenden	– geleiteten	spendenden	– gespendeten
schmetternden	– geschmetterten	bildenden	– gebildeten
witternden	– gewitterten	tröstenden	– getrösteten
antwortenden	– beantworteten	kleidenden	– gekleideten
bewundernden	– bewunderten	alternden	– gealterten

(R. Benedix)

Trau nicht der Welt, trau nicht dem Geld,
trau nicht dem Tod, trau nur auf Gott.
(Alter Spruch)

Teufel, schadenfroher Teufel,
nimm's zurück, das Donnerwort!
(F. Grillparzer)

Zu Dionys, dem Tyrannen, schlich
Damon, den Dolch im Gewande.
(F. Schiller)

Und es wallet und siedet und brauset und zischt,
wie wenn Wasser mit Feuer sich mengt,
bis zum Himmel spritzet der dampfende Gischt,
und Flut auf Flut sich ohn' Ende drängt.
(F. Schiller)

Geduld, du ungeheures Wort!
Wer dich erlebt, wer dich begreift,
erlebt hinfort, begreift hinfort,
wie Gottheit schafft, wie Gottheit reift.
(Ch. Morgenstern)

Übungssätze

Betreten drehte der Dreher das Rad. Die Treiber trieben die drei gehetzten Tiere aus dem schützenden Dickicht, die Treibjagd ging durch Feld und Wald, dann trabten die ermüdeten Jagdteilnehmer ins Dorf zurück. Der Anstreicher übertünchte die feuchten Wände. Die Soldaten geleiteten die Mütter mit ihren leidenden Kindern in die vom Feind verschonte Stadt zurück. Sie trösteten und ermutigten die Verstörten mit Rat und Tat. Deine Tante liest Dantes Göttliche Komödie dilettantisch vor. Endlich erkannten wir in dem ländlich gekleideten, freundlich lächelnden, mit einem fremden Akzent sprechenden Mann unsern alten treuen Diener wieder. Es scheint, dass dir die Tiere mehr bedeuten als die dich umgebenden Menschen. Er bemühte sich, dir richtig zu raten, endlich ließ er dich tun, was du wolltest, ermattet und müde vom Denken und Reden. Der Fremde hielt den zitternden Hund fest und drehte sich dann zu den drei im Wind schwankenden Tannen, in deren Schatten der von dem witternden Hund gestellte dreiste Dieb stand. Sei nicht dumm, tummle dich tüchtig. Während die beiden baten, baden zu dürfen, hörte der dritte Tritte hinter sich. Er sagte uns die Daten, an denen die tollen Taten sich ereignet hatten. Der dumme, tölpelhafte Dicke erschreckte die Truthühner. Die dunkle Tat darf nicht durch dich getan werden. Man bedroht dich, das darf dich nicht bedrücken, vertraue der Kraft deines Protektors. Die giftige Natter glitt davon. Jedes deiner gereizten Worte trifft David wie ein Nadelstich. Er isst leidenschaftlich gern Datteln und tadelt die andern ob ihrer Naschhaftigkeit. Nicht tausend Tonnen Getreide lindern die Not. Das Pferd trabte an und nahm spielend beide Hürden. Dein Leichtsinn verschuldete die Not von Tausenden, die unschuldig das größte Leid tragen müssen.

g – k – qu

Die Laute g und k werden mit dem Zungenrücken gegen den harten oder den weichen Gaumen artikuliert. Die Artikulationsstelle ändert sich je nach dem vorangehenden beziehungsweise folgenden Vokal. Man vergleiche damit den ähnlichen Unterschied zwischem dem ach-

und dem ich-Laut. Die Bildungsstelle des g und k ist gleichfalls möglichst nach vorne zu verlegen.
Im Auslaut nach kurzen Vokalen ist der Unterschied zwischen g und k aufgehoben. Es gilt hier die entsprechende Regel wie für b und p und d und t im Auslaut.
Das qu setzt sich aus den Lauten k und w zusammen. Das s schließt sich unmittelbar, ohne Gleitlaut (Kawelle!) an das k an.
Das x stellt eine Lautverbindung von k und s dar.
Fehlerhaft ist die zu weiche Aussprache des k als g, worauf besonders in den Lautverbindungen kl, kn, kr wie auch bei qu und x zu achten ist.

Übungen – g und k

Die Artikulation richtet sich – wie bei dem ich- und ach-Laut – nach dem vorangehenden beziehungsweise dem folgenden Vokal:

ig eg ag og ug – gi ge ga go gu
ik ek ak ok uk – ki ke ka ko ku

ich ech ach och uch – – -chen –

Wir unterscheiden scharf:

Gabel – Kabel	Glas – Klasse	Gram – Kram
gerben – kerben	glätten – Kletten	Gras – krass
gießen – Kies	glimmen – klimmen	Greis – Kreis
Guss – Kuss	glommen – klommen	graut – Kraut
gönnen – können	glauben – klauben	
günstig – künstlich	Glut – Kluft	
Geifer – Käufer	gleiten – kleiden	

Gnade – Knabe	Lage – Lacke	Flagge – flackern
Gnesen – Knebel	Regen – recken	baggern – backen
Gnom – Knopf	Stiegen – sticken	flügge – flicken
Gnu – knurren	logen – locken	Egge – Ecke
Gneisenau – Knie	Krüge – Krücke	Roggen – Rocken

Bei auslautendem k ist jede übertriebene Härte zu vermeiden.

Tag – Sack	Trog – Rock	reckt – regt
Steg – Schreck	bog – Bock	lockt – logt
Sieg – Blick	trug – Ruck	Takt – tagt

g vor t, st und l muss deutlich artikuliert werden:

wagt – wagst	logt – logst	kläglich
sagt – sagst	trügt – trügst	füglich
regt – regst	fügt – fügst	möglich
fegt – fegst	beugt – beugst	täglich
siegt – siegst	taugt – taugst	tauglich
lügt – lügst	bogt – bogst	

Übungssätze

Der Gast öffnete die Türe des Kastens. Wir gießen den Garten und schütten Kies auf die Wege. Stell die Egge in die Ecke! Das Pferd muss zur Tränke gedrängt werden. Wenn du in mich dringst, trinke ich ein Glas Milch. Der Küster gießt die herrlich blühende Klematis. Die Beamten bangten in den belagerten Banken. Er bekleidet einen hohen Rang. Agnes und Ragnar sind Mädchennamen. Ignoriere diesen knauserigen Menschen. Der Gnom knüpfte den Knoten. Gneis ist ein Gestein. Des Königs Gnade galt dem Knaben. Das Gnu knabbert Brot. Der Knecht brachte Knoblauch aus dem Gemüsegarten. Grete grub kniend nach Knollen. Die Sprengung des Gneisblockes verursachte einen lauten Knall, und knatternd fiel das Gestein zusammen. Gneisenau war ein General. Der Klotz ist aus Glogau. Die Kleider gleiten zu Boden. Klaus warf die glühenden Trümmer in die Kluft. Gleiwitz ist keine kleine Stadt. Als er die Leiter erklommen hatte, glomm ein böses Licht in seinen glühenden Augen. Wir fuhren an einem klaren Tag in den Kanton Glarus. Der Regen klatschte auf den Gletscher. Gleisnerisch und klein stand Klara vor Claudius. Das Glück ist nicht immer mit dem Klugen. Die Glut in der Kluft war unerträglich. Sie kleidet sich in glatte, weich gleitende Gewänder. Das glühende Eisen klirrte zur Erde. Ich glaubte, in der Klamm den Klang einer Glocke zu hören. Das Kloster zu Uglitsch spielt in einem klassischen Drama eine Rolle. Sie hat Kletten am Kleid.

Das Mädchen schlang eine Schärpe um den schlanken Leib. Er krabbelte im Graben nach Krebsen umher. Während Klara den Mantel aufhängte, hinkte der Alte davon. Er verlor seine Angel, als das Schiff vor Anker ging. Er zog an der Klingel und legte die Hand auf die Klinke. Der junge Werkgeselle ging zur Bergkapelle. Die ganze Klasse schaute durch das Fernglas. Sie spielen im Garten Karten. Reich mir die Gabel!

Sie legen das Kabel an der Weggabelung. Der starkknochige Knabe begleitete den Kleinen. Du lenkst den Wagen längs der Wiesen. Der Bergführer klomm in die glitschige Klamm. Klara reichte ihr das Glas. Begleite das reizend gekleidete Mädchen. Der Knabe bog dem Bock den Kopf zurück. Der Trog ist trocken. Die Schneeflocken flogen vom Himmel. Er schlug ihm die Bitte um einen Schluck Wasser ab. Der Greis macht in jedem Kreis seine Glossen. Leg den Knochen weg, der Hund wird ihn ablecken. Das Kind fiel in die Grube. Er rieb des Pferdes Kuppe ab. Die flüggen Vögel fliegen aus dem Nest. Klara muss die Kleider flicken. Die Flagge wehte am Heck. Das Feuer brannte flackernd. Das Boot hatte ein Leck. Er legte sich fest in die Riemen.

Das qu

qu = kw

Qual	Quint	quellen	Quartier
Quaste	Quecke	quietschen	Qualle
Quelle	Quote	Quotient	Quirinal
Quirl	quäken	Quanten	quollen

Das x

x = ks

Xaver	Xanthippe	Hexe	Taxe	fix
Xanten	Xerxes	Mixer	Faxen	Max

Die Nebensilben -ig, -igt, -igst

Im Silbenschluss und vor Konsonanten wird

a) die Nebensilbe	-ig	wie	-ich	(in Kranich),	
b) " "	-igt	"	-icht	(in Kehricht)	gesprochen,
c) " "	-igst	"	-ichst	(in freundlichst).	

Z.B.	a) -ig = ich	b) -igt = icht	c) -igst = ichst:
	König	beleidigt	freudigst
	Honig	beerdigt	huldigst
	ewig	gebändigt	befriedigst
	usw.	usw.	usw.

Die Aussprache des -ig als -ich ist jedoch zu vermeiden, wenn
d) auf die Nebensilbe -ig ein Vokal folgt,
e) wenn in der nächsten Silbe ein zweites ch folgt, wie z.B. vor der Endung -lich oder in dem Wort Königreich.

Z.B.	d)-ig mit stimmhaftem g	e) -ig mit stimmlosem Verschlusslaut:
	Könige	ewiglich
	Königin	königlich
	ewige	Königreich

Bei Apostrophierungen des i (z.B. ew'ge, sel'ge, blut'ge) ist nach *Siebs* g zu sprechen.

Übungen

-ig = -ich		-ig = -ig g = stimmhaft	g = stimmlos
König	– Königtum	Königin	königlich
	– Königskrone	ewige	Königreich
ewig	– Ewigkeit	selige	
selig	– Seligkeit	heilige	ewiglich
heilig	– Heiligkeit	hartnäckige	seliglich
hartnäckig	– Hartnäckigkeit	eilige	wonniglich
schuldig	– Schuldigkeit	schuldige	minniglich
fertig	– Fertigkeit	fertige	gütiglich

Übungssätze

Es erfordert einige Übung, bis der Lernende mit Sicherheit die richtige Aussprache der Nebensilbe -ig trifft. Zur Erleichterung wurde bei der folgenden Leseübung hinter allen Wörtern, wo das -ig als -ich ausgesprochen wird, ein Ausrufungszeichen gesetzt.

Nehmt das Eurige, lasst uns das Unsrige. Unser König (!) gab den Sieg bekannt. Die Königin und der König (!) feierten die Sieger königlich. Das Königreich ist gesichert. Die Ewigkeit (!) ist unvorstellbar. Trage die guten Tage und sei selig (!). Du beleidigst (!) mich. Man hat ihm gehuldigt (!). Er hat die Tiere gebändigt (!) und besiegt. Seligkeit (!) währt nie ewig (!). Ewiger Dank sei dein Lohn. Honig (!) ist gesund. Honigkuchen (!) schmeckt gut. Die ledige Magd hat gekündigt (!). Man nahm die Kündigung an. Lediglich der Geiz untergräbt sein Ansehen. Die blut'ge Schlacht ist beendigt (!). Er schwört ihr ewige Treue. Er sagte dem herzigen Mädchen den Sinnspruch zur Beherzigung. Er grüßte ihn herzlich, und großherzig (!) verzieh der Sieger dem Besiegten. Der herzige Kerl biegt sich vor Lachen. Der Gouverneur ist ermächtigt (!), Gold zu geben. Goldige Garben geben gutes Korn. Du kündigst (!) dem Jäger. Lediglich seine Güte verhinderte das Blutgericht. Das Geld ist ungültig (!). Der gültige Pass verliert in Kürze seine Gültigkeit (!). Der holprige Weg ist schlüpfrig (!). Die Schlüpfrigkeit (!) dieses Weges ist lebensgefährlich. Der gütige Mann zweifelt an der Aufrichtigkeit (!) seines Freundes. Der Prediger predigte (!) von ewigen Strafen. Hier brennen flackernde Kerzen vor dem Heiligenbild. Seine Weitschweifigkeit (!) ist unerträglich. Entschuldigen Sie gütigst (!) meine große Müdigkeit (!). Die Unschlüssigkeit (!) macht den sicheren Sieg fraglich. Die Abhängigkeit (!) ist unerträglich. Entschuldigt (!) gütigst (!) die geringe Gabe, sie kommt aus willigem Herzen. Er war wenig (!) beglückt und vergaß ganz, zu huldigen. Freiwillig (!) geben gilt doppelt. Die Freiwilligen gehen voran. Verkünde den Sieg. Der Sieger ist ein siecher Mann. Dein Rat ist der bündigste (!), die Vereidigung ist nötig (!). Verteidige dich. Des gnädigen Königs (!) Geduld ist erschöpft. Die Königin ließ die Königskrone (!) aus der Schatzkammer holen um sie den königlichen Prinzen zu zeigen. Die Süßigkeit (!) dieses Honigs (!) ist nicht natürlich. Er allein ist der Schuldige. Der Mohr hat seine Schuldigkeit (!) getan. Mach dich eiligst (!) davon. Dieses Zeugnis wird deinen Vater nicht befriedigen. Er lebt ein unbefriedigtes (!) Leben und ist ewig (!) traurig (!). Sie ist die einzige Erbin.

Anhang

Artikulationsübungen

für das Zusammentreffen gleicher oder gleichartiger Laute im Aus- und Anlaut zweier Wörter

Obwohl ähnliche Übungen bereits in den Kapiteln über die einzelnen Konsonanten geboten wurden, seien mit Rücksicht auf die besondere Wichtigkeit solcher Fälle und der exakten Aussprache noch weitere Beispiele gegeben. Durchwegs ist hier die Stellung für die Gesamtdauer der beiden Konsonanten beizubehalten, der Atemdruck aber am Ende der auslautenden Silbe abzuschwächen und am Anfang der anlautenden Silbe zu verstärken. Ist der anlautende Konsonant des zweiten Wortes stimmhaft, dann setzt die Stimme zu Beginn dieser Silbe ein. Die mühelose Beherrschung dieser Technik fällt uns nicht in den Schoß. Sie muss erarbeitet werden. Die beiden s in „Waldessaum“ z.B. dürfen weder in „Waldes/saum“ getrennt werden, noch wird hier nur *ein* stimmloses s gesprochen, sondern das auslautende stimmlose s muss gelind in das stimmhafte s des Anlautes übergehen. „In nichts“ ist weder „in/nichts“ noch „inichts“, sondern mit zwei weich ineinanderfließenden n zu sprechen. Die Arbeit lohnt sich!

Kauf Fleisch	– kau Fleisch	Kork gepfropft	– Chor gepfropft
schlief fest	– schliefest	Stück gemessen	– Stücke messen
lief froh	– lief roh	Druck gelitten	– Drucke litten
schuf Friede	– schuf Riede	rieb Brot	– rieb rot
Au Füchse	– auf Füchse	Strom messen	– Stroh messen
lief räudig	– lief freudig	schob Brot	– schob rot
hinauf fließt	– hinauf liest	Laub prasselt	– Laub rasselt
Strick gezogen	– Stricke zogen	knapp bezahlt	– Knappe zahlt
dick gesät	– Dicke sät	rasch schreiten	– rasch reiten
Volk gewendet	– Volke wendet	verreisen	– vereisen
Stadt teilen	– Stadt eilen	Sieb biegt	– sie biegt
Bettdecke	– Bettecke	weit treiben	– weit reiben
Sold dienen	– soll dienen	feucht drinnen	– feucht rinnen

Pflicht tröstet	–	Pflicht röstet	Gebet dringt	–	Gebet ringt
Leid tragen	–	Leid ragen	auf Fahrt	–	Auffahrt
breit dehnen	–	Brei dehnen	strafverschickt	–	straffer schickt
zeigt Treue	–	zeigt Reue	Leibpferd	–	Leihpferd
Brief freut	–	Brief reut	ritt drüber	–	ritt rüber
tief fallen	–	tief allen	Rad treiben	–	Rad reiben
Zank gewöhnt	–	Zahn gewöhnt	tot drückt	–	Tod rückt
sank gewaltig	–	sang gewaltig	leicht tadeln	–	leicht adeln
stark kommen	–	Star kommen	sieht sinken	–	sieht Zinken
Wink gab	–	Wien gab	schuf Freude	–	schuf Räude
keck geendet	–	Kecke endet	Ruhr reizt	–	Ruh' reizt
stark greifen	–	Star greifen	nun nimmer	–	nun immer
Zink kerben	–	Zink erben	im Mai	–	im Ei
Fleck gemacht	–	Flecke macht	Dampfpfeife	–	Dammpfeife
Bezirk gehört	–	Bezirke hört	Kampfpflicht	–	Kamm flicht
Schmuck gleitet	–	Schmuck leidet	nachts ziehen	–	nachziehen
Sack gleitet	–	Sack leidet	rechts stehen	–	rechtstehen

Übungen mit verschiedenen Vorsilben

Die Vorsilben an-, bei-, ur- tragen den Ton.

Anfang	Beispiel	Ursprung
angeben	beistehen	urbar
antragen	beisteuern	Urlaub
Anlass	Beitrag	Ursache

Die Vorsilben hin-, vor- und zu- kommen sowohl betont als auch unbetont vor. Die Vorsilbe hin- ist auch betont immer kurz zu sprechen:

betont	unbetont	betont	unbetont	betont	unbetont
hingeben	hinüber	Vorgabe	vorbei	zuschauen	zusammen
hintreiben	hinunter	voreilig	voran	zudringlich	zugegen
hintreten	hingegen	vorsichtig	voraus	zuversichtlich	zufolge
hinschauen	hindurch	Vorgefühl	vorauf	Zuneigung	zuvor
hinhören	hinauf	vorsprechen	vorüber	zugegeben	zurecht
hinlegen	hinab	vorher	Vorhersage	zugeknöpft	zurück

Die Vorsilbe da- ist im Allgemeinen unbetont:

darüber	Jedoch bei besonderem Nachdruck:
darunter	*Da*von will ich etwas haben!
dabei	*Da*gegen bin ich!
dagegen	*Da*rüber lässt sich streiten.
dahinter	*Da*für wirst du büßen!

Geläufigkeitsübungen

Wir sprechen diese Übungen zuerst langsam, Wort für Wort, beinahe Silbe für Silbe. Der Unterschied zwischen den betonten und unbetonten Silben soll klar hervortreten. Außerdem achte man bei allen diesen Übungen auf die deutliche Unterscheidung der langen, geschlossenen und der kurzen, offenen Vokale, sowie der stimmhaften und der stimmlosen Laute.

Jäh aus Schlingen und Schleifen schlüpfen geschmeidig, schnell verschwindend, schreckende Schlangen.

Er kommt; ob er aber über Ober- oder ob er aber über Unterammergau kommt, das weiß man nicht.

Wenn mancher Mann wüsste, wer mancher Mann wär',
tät' mancher Mann manchem Mann manchmal mehr Ehr'!

Hierher, Hofhund! Horch, hurtig huscht Hassan zur Hütte.

Helfe, Held, dem, der elend lebte, eh' er erkennend gelernt, fremder Herren Geld zu verwerfen.

In Ulm, um Ulm und rund um Ulm herum! (dreimal)

Specht, Spatz, Storch und Sperber sprangen spornstreichs schrillen Schreis den steilen Steg hinunter.

Wir Wiener Waschweiber würden weiße Wäsche waschen, wenn wir wüssten, wo wirklich weiches, warmes Waschwasser wäre.

Der Kutscher putzt den Cottbuser Postkutschenkasten.

Wenn die Hockeyhölzer hackeln und die Schlittschuhschnörkel schnackeln.

Das drängt und stößt, das rutscht und klappert!
Das zischt und quirlt, das zieht und plappert!
Das leuchtet, sprüht und stinkt und brennt!
Ein wahres Hexenelement!
(J. W. Goethe)

Es schnirren und schwirren die Schwalben in Lüften,
es springen und klingen die Adler in Klüften,
die Lerche trieriret ihr Tiretilir.
(Clay)

Rufübungen

In verschiedenen Tonstärken zu üben. Zu einem entfernten Ziel hin sprechen – „senden“, ohne den Kehlkopf zu belasten. Der Notwendigkeit des Atemholens nachgeben! Tief atmen, auch wenn wir dabei durch den Mund atmen!

Werkertag, Hammerschlag!
Jeder Tag ist Schöpfungstag!
Brüder, in der Liebe Namen
singt gewaltig unser Amen:
Werkertag, Hammerschlag,
dass es Gott gefallen mag!
(H.Lersch)

Es naht! Es naht
mit mutiger Hast!
Sie weht,sie weht,
die Flagge am Mast!
Herab von der Warte,
müßiger Gaffer!
Hinab, hinab
an den Strand!
(R.Wagner)

Verbannt Jason und Medea!
Medea und Jason verbannt!
Verbannt!
Jason und Medea!

Hallo Libussa!
Hallo Libussa!
Hallo Libussa!

(F. Grillparzer)

Träumt ihr den Friedenstag?
Träume, wer träumen mag!
Krieg ist das Losungswort!
Sieg! und so klingt es fort!
(J. W. Goethe)

O Welt voll Glanz und Sonnenschein!
O rastlos Werden, holdes Sein,
O höchsten Reichtums Fülle!
(M. Ebner-Eschenbach)

Habet Acht!
Habet Acht!
Bald entweicht die Nacht!
(R. Wagner)

Siehst du sie endlich?
Siehst du Isolde?
Sie ist's! Sie winkt!
(R. Wagner)

Zur Gottheit Füßen
den Frevel zu büßen!
Das Verbrechen zu rächen,
zu tilgen den Spott!
Vernichtet die Läst'rer,
verherrlichet Gott!
(J. W. Goethe)

Blast! Blast! – O wären es die schwed'schen Hörner,
und ging's von hier gerad ins Feld des Todes,
und alle Schwerter, alle, die ich hier
entblößt muss sehn, durchdrängen meinen Busen!
(F. Schiller)

Zu den Waffen! Auf! Schlagt Lärmen! Rührt die Trommeln!
Führt alle Völker ins Gefecht! Ganz Frankreich
bewaffne sich! Die Ehre ist verpfändet,
die Krone, das Palladium entwendet,
setzt alles Blut, setzt euer Leben ein!
Frei muss sie sein, noch eh' der Tag sich endet!
(F. Schiller)

Ausblick

Nachdem wir uns in diesem Übungsbuch vorwiegend mit der technischen Seite der Sprecherziehung befasst haben, werfen wir abschließend noch einen Blick auf das Gebiet der Redeschulung und des Vortrages.

Es ist eine merkwürdige Tatsache, dass viele Menschen, die von Natur aus gewöhnt sind, nicht überhastet zu sprechen und sich Zeit zu lassen, ehe sie das sagen, was sie mitteilen wollen, diese selbstverständliche Beherrschung der Rede verlieren, wenn sie vor einem Auditorium stehen. Nichts ist aber langweiliger, uninteressanter und ermüdender als ein unpointierter und nicht sinnvoll gegliederter Vortrag. Wer wäre nicht schon über der Monotonie einer Rede, einer Rezitation, eines Plädoyers, einer Predigt langsam ins Dösen gekommen? Wer hätte sich nicht schon auf ganz anderen Gedankengängen ertappt als auf denen, die uns ein Redner, Schauspieler, Priester oder Wissenschafter mit dem Aufwand seines ganzen Wissens und Könnens führen wollte, *nur* deshalb, weil das, was er zu sagen hatte, technisch nicht genug fundiert war, und nicht etwa deshalb, weil der Inhalt uninteressant gewesen wäre? Der wertvolle Inhalt geht oft zu einem großen Teil verloren, nur weil die Form unzulänglich ist. Die Ursachen dieser Unzulänglichkeit sind: eine ungeschulte, nicht tragfähige und jeden Raum beherrschende Stimme, die, weil sie leicht ermüdet, zum Schreien gesteigert und am Ende heiser und klanglos wird, stark an den Dialekt gebundene oder mangelhaft artikulierte und darum unverständliche Aussprache, laute, keuchende Einatmung, überhastetes Sprechen und überflüssiges Betonen unwesentlicher Dinge.

Bei jeder Leseübung ist der Lernende darauf aufmerksam zu machen, wie wichtig es ist, dass er dem Zuhörer Zeit lässt, das, was ihm gesagt wird, zu hören und zu verstehen. Das heißt nun nicht, dass bei jedem Beistrich geatmet werden muss, wohl aber, dass der Punkt bedeutet: Herunter mit der Stimme, abschließen! Der Zuhörer muss wissen, es ist aus. Er darf nicht gespannt sitzen und meinen, es käme noch etwas. Der Satz war zu Ende, ohne vom Vortragenden beendet zu sein. Das irritiert den Hörer, er will es bequem haben und ist ein umso dankbarerer Zuhörer, je bequemer der Redner, der Schauspieler es ihm macht. Wenn man in einem Zuschauerraum, in einem Hör- oder Vortragssaal sitzt, dann ist die erste Voraussetzung für die Erweckung des Interesses, dass man hören und verstehen kann. Hören kann man, wenn die Lautstärke und die sprachliche Fertigkeit eine entsprechende ist, verstehen kann man, wenn die Gliederung dessen, was dargeboten wird, sinnvoll und klar ist. Zur Gliederung gehört aber vor allem der Mut zur Pause. Nicht ein gleichmäßig langsames Sprechtempo ist anzustreben. Im Gegenteil, alle Gleichmäßigkeit ermüdet. Aber wir sollen nicht nur die Interpunktionen für unsern Zweck ausnützen, wir können und sollen auch unabhängig von ihnen Sinnpausen machen. Pausen, die der Autor oder der Interpret selbstständig, über die grammatikalischen Notwendigkeiten hinaus macht, um dem Zuhörer in besonders schwierigen Fällen Hilfen zu geben und ihm Zeit zu lassen zum Nachdenken, um einen Höhepunkt auskosten oder in sich aufnehmen zu können.

Das wichtigste Mittel der Gliederung ist also die Pause. Lang oder kurz, wie man will: hier oder dort – nur sinnvoll und mutig. Der Mut zur Pause und die Fähigkeit, den wirksamsten Moment für die Unterbrechung zu finden, kennzeichnen den souveränen Schauspieler und den sicheren Redner. Es kennzeichnet den Anfänger, dass er dem Zuhörer nicht die Zeit gönnt, das ihm dargebotene Gedankengut zu verarbeiten, zu genießen, aus Angst, der könne sich langweilen, sobald der Strom der Rede aussetzt.

Nur wer die technischen Voraussetzungen beherrscht, kann seine Begabung zur Entfaltung bringen. Wir können aber nichts erzwingen. Auf dem Gebiet der stimmlichen und sprachlichen Entfaltung gibt es nur eines: Geduld und Ausdauer. Es fällt uns nichts in den Schoß. Um gelegentliche Depressionen, um das manchmal beklemmende Gefühl „es geht nicht“, werden wir nicht herumkommen. Es geht schließlich doch! Voraussetzung ist jedoch, dass wir auch hier nicht Unmögliches von uns verlangen. Nicht jeder kann sich eine strahlende Stimme erobern, aber Kultur der Sprache können wir uns alle erarbeiten.

Ein großer deutscher Schauspieler, nach dem Geheimnis seines Erfolges gefragt, gab halb im Scherz, halb im Ernst einem jungen Kollegen mit auf den Weg:

Sprich einmal laut und einmal leise,
sprich einmal hoch und einmal tief,
sprich einmal schnell und einmal langsam.

Damit hatte er einige Farben genannt, die man auf der Stimmpalette haben muss. Dass es damit allein nicht getan ist, versteht sich von selbst. Wohlklang der Stimme und Deutlichkeit des Sprechens sind leer und nichts, sind das, was wir hohles Pathos nennen, wenn wir dabei nicht genau überdenken, was wir zu sagen haben und worauf es ankommt. Wenn wir sprechen, wie wir fühlen, also warm aus unserem Herzen und klar aus unserem Verstand heraus, dann weisen uns diese geistige Klarheit und die Ehrlichkeit unseres Empfindens den Weg zur sinnvollen Anwendung alles dessen, was uns die technische Durchbildung unserer Stimme und Sprache an Ausdrucksmitteln bereitgestellt hat, und werden so die sichersten Führer zu dem Ziel, unsere schöne deutsche Sprache richtig, sinn- und ausdrucksvoll zu sprechen. Noch einmal: Mut zur Pause! Mut zum richtigen Atmen.

Im Atemholen sind zweierlei Gnaden:
die Luft einziehen, sich ihrer entladen.
(J. W. Goethe)

Horst Coblenzer – Franz Muhar

Atem und Stimme

Anleitung zum guten Sprechen

Kartoniert, 116 Seiten
ISBN 3-215-**02040**-8

Aus altem Erfahrungsgut und den Ergebnissen neuester wissenschaftlicher Untersuchungen erläutern ein Pädagoge und ein Atemphysiologe Grundsätze der Sprecherziehung und der Schulung von Atem und Stimme mit dem Ziel größtmöglicher Ökonomie.
Nur rechtzeitig einsetzende Stimmerziehung – zum Beispiel durch sinnvolle und wirksame Übungen allein und zu zweit – wird neben richtiger Atmung eine durch ökonomischen Gebrauch klangvoll und natürlich wirkende Stimme und damit ungezwungenen Kontakt zum Gesprächspartner ermöglichen. Ist doch die Stimme nicht bloß eine biologische Funktion, sondern vor allem ein wichtiges, wenn nicht das wichtigste Mittel zwischenmenschlicher Kommunikation.

Zu diesem Buch ist eine CD mit Übungsbeispielen im Buchhandel erhältlich. ISBN 3-215-**12240**-5

öbv&hpt

Kerstin Werner

Sprechbildung

Ein Übungsbuch

Kartoniert, 116 Seiten
ISBN 3-215-12795-4

Dieses Buch wendet sich an all jene, denen die sprecherzieherische, die sprechbildnerische Arbeit am Herzen liegt. Es ist als Handreichung sowohl für den vermittelnden Unterricht als auch für das Selbststudium gedacht und soll Anregungen geben, sich kreativ und mit Freude dem Sprechen als wesentlichster Spielart menschlicher Kommunikation zu widmen.
Es soll nicht als Anleitung zur Korrektur stimmlicher oder artikulatorischer Fehlleistungen verstanden werden, da sein Ansatzpunkt die gesunde, ungeschulte beziehungsweise wenig ausgebildete Stimme und die natürliche, trotz ihre Natürlichkeit aber doch oft unkorrekte, Artikulation ist.
Die angeführten Übungen – auch auf begleitender CD und auf Videokassette – sollen anregen und aktivieren, lassen aber genügend Freiraum für Ihre kreative Anwendung und Variation.

CD, 62 Minuten – ISBN 3-215-**12955**-8
Videokassette, 54 Minuten – ISBN 3-215-**12956**-6

Weitere Informationen zum Thema „Sprechtechnik- Sprecherziehung" finden Sie auf unserer Homepage unter www.oebvhpt.at (Verlagsprogramm/ Sprechtechnik-Sprecherziehung).